Bu eser, Hekimoğlu İsmail'in son 10 senedir yazdığı 3.000 makale arasından seçilmiş, insanla ilgili makalelerdir.

Onu tanıyanlar, onu okuyanlar, ısrarla böyle bir kitabın hazırlanmasını istediler: **"Sevdiğimiz, beğendimiz yazılar, kaybolup gitmesin"** dediler.

Böylece okuyucularımız, bu eserin gerçek mimarı oldu.

Saygılarımızla...

TİMAŞ YAYINLARI ■ 281
ALTERNATİF DÜŞÜNCE DİZİSİ ■ 28

TİMAŞ
BASIM TİCARET VE SANAYİ
ANONİM ŞİRKETİ

Bu Kitabın Serüveni :

İnsan Bu adlı bu kitap,
Osman Okçu'nun editörlüğünde
Tim Tanıtım tarafından baskıya hazırlandı.
Kitabın kapak tasarımı *Kenan Özcan*'a ait.
Baskı ve cilt takibi *Ekrem Çalış* tarafından yapıldı
Kitabın kapak baskısı *Besdal Ofset*'te, iç baskısı *Çalış Ofset*'te,
cilt işlemleri ise *Sistem Mücellithanesi*'nde gerçekleştirildi.
6. baskı olarak 2001 Mart ayında yayımlandı.
Kitabın Uluslararası Seri Numarası (ISBN) : 975-362-203-1

Londra Asfaltı No: 40 (Afşar Mobilya Üstü) 34520 Şirinevler / İstanbul
Yazışma için: P. K. 50 Sirkeci / İstanbul
Tel: (0.212) 451 08 04-05 Fax: (0.212) 451 11 76 / 664 77 97
İnternet: www.timas.com.tr
Elektronik posta: timas@timas.com.tr

İnsan Bu

HEKİMOĞLU İSMAİL

TİMAŞ YAYINLARI
İstanbul
2001

Hekimoğlu İSMAİL

1932 yılında Erzincan'da doğdu. Asıl adı, Ömer Okçu'dur. Dedesinin ismi olan Hekimoğlu İsmail imzasıyla yazılarını yazdı, böyle tanındı.

Babası, İstaklâl Savaşı sırasında Kazım Karabekir Paşa'nın emrinde 4 yıl askerlik yaptıktan sonra, memleketine döndüğünde İstiklal Madalyası'nı satıp, viran olan evini yaptırdı.

Savaşlar içinde büyüyen Hekimoğlu İsmail'in annesi ve babası ümmi idi. Dolayısıyla yazarımız kitap bulunmayan evde doğdu, büyüdü.

Lişe tahsilinden sonra Amerika'da elektronik üzerine ihtisas yaptı. 1967'de meşhur Minyeli Abdullah romanını yazdı. O günden bu yana pek çok dergi ve gazetede yazılar yazan Hekimoğlu'nun, 20'den fazla eseri vardır. Yurt içi, yurt dışı konferansları da yüzlercedir.

Çeşitli yayınlarda makaleleri yayınlanan Hekimoğlu İsmail'e, Harran Üniversitesi tarafından Edebiyat Doktoru ünvanı verilmiştir.

Hekimoğlu 1953'den beri sigara parasını kitaba verip, bir ömür boyu talebe gibi çalışmıştır.

Eserleri:

- Minyeli Abdullah (Roman)
- 100 Soruda Bediüzzaman
- Sonsuza Yürüyüş
- Mülüman ve Para
- İlimler ve Yorumlar
- Derdimi Seviyorum (5 Cilt)
- Ölüm Yokluk Mudur?
- Mum
- Güneşi Arayan Adam
- Mehmed Akif'e Göre...
- Hayata Düşülen Dipnotlar
- Sibel (Roman)
- Maznun (Roman)
- Menan Cinleri (Hikâyeler)
- Bir Millet Uyanıyor
- Düşünceler
- Yokuş
- Yapraklar
- Neye Nasıl İnanırım?
- İnsan Bu
- Sevdalı Şiirler 1-2 (Antoloji)
- İyiliğin Kaynağı
- Tefekkür
- Akıl ve Gerçek

İÇİNDEKİLER

İyiyi kötüden, doğruyu yanlıştan ayırmayan kitaplar, hayatı bataklık haline getirdi.

İnsan ve ötesi

Herşeye değer veren insan, kendisine ne kadar değer verebilir?

Terazi kendini tartmaz derler...

Göz de kendini görmezmiş... Gözün aynada kendini görmesi ile tabibin görmesi arasında fark vardır.

Evet, mühim olan şu veya bu olmak değildir, ne olduğumuzu bilmektir?

"Ben neyim?" sorusuna cevap arıyan kaç insan bulunabilir?

İnsan zevklerinin ve menfeatlerinin içinde öylesine kaybolmuştur ki, kendini bulması çok zor!

Her insan çok şey arıyabilir fakat kendini arıyan az!

Her kelime çok şey anlatır, "ben"i anlatan hangisi.

"İnsan dilinin altında gizlidir" derler. Yani insan elbisesine göre karşılanır, konuşmasına göre uğurlanır.

Laflar ve laflar... Bunların içinde laf edeni anlatan kelime, kaç tane?

Dünya yuvarlak olduğu için her düzlem asgari eğrilik içinde...

Su yüzeyi düzlenmiş... Halbuki Büyük Okyanus küre...

Küre yüzünde "düzlem" bulunmazken, eğri insandan da doğru söz çıkmaz, çıksa bile kimse inanmaz!..

Bilmek amma neyi, nasıl?

İlmin hamalı olan bunun sefasını mı sürer, cefasını mı çeker?

Öyle bir ilim olmalı ki, dünyayı cennet etmeli...

Cehennemde diplomanın ne ehemmiyeti var.

Bu alemin nasıl yaratıldığını bilmek önemli değil!

Herşey insan için yaratılmış, herşey insanın emrine verilmiş... Önemli olan bunları "insanca idare etmek."

Herşey zıddıyla yaratılmış: Karanlık ışık, acı tatlı, neş'e ıstırap gibi.

Öyle ise hiçbir şey bütünüyle felâket değil. Her felâketin yanında bir saadet vardır. Yeter ki bardağın dolu tarafı görülsün...

Sabah kalkan insan "Akşama çok var" derken, gözünü kapattı mı, gündüzü gece eder.

İnsan herşeyi kendine uydurmaya çalışırken, ölçüsü nedir?

Kâinat bir nizam içindeyken insan nizamsız kalabilir mi?

Başkalarıyla uğraşmak kolay iken kendi yakasını tutan kaç kişi vardır.

Başkalarının doğru olması, eğri insana fayda vermez. zira eğri cedvelle düz çizgi çizilmez!

Eğriler, doğruları düzeltmeye kalkarsa, tezatların kıskacında insanlık can verir.

İnsan hem kendine dost, hem de düşman olabilir.

Kendine dost olana başkaları zarar veremezken, kendine düşman olan da "Düşman" aramasın.

Düşmanını kovalamak isteyen, iç dünyasını dolaşsın. Kötü alışkanlıklar, tembellik, beceriksizlik, cehalet! Bunlar ne korkunç düşman!

Düşmanlığını gizleyen insan, kendine ne kadar dost?

Her insanın önünde iki yol var: İyilik ve kötülük... Biri cennete, diğeri cehenneme gider.

Cemiyet, fertlerden teşekkül eder. Fert bozulunca cemiyet, cemiyet bozulunca da fert bozulur.

Öyleyse herşeyi bozan da, yapan da insan!

Amma insanın içine giren her şey bozuluyor, eğer insaniyet ölmüş ise...

Herşeyle meşgul olan insan, bir de kendisiyle meşgul olsa!

Düştüğünü anlıyan ayağa kalkmak ister.

Düşmeyi yükselmek zannedenleri, uçağa bindirmek de yükseltmez.

İlim kaleleri cehaletle kuşatılınca, ahır zamanın harpleri harflerle olacaktır.

Saadetin sırrı

Bir hanım telefon ediyor: "Aynı cemeatten evlenenler şöyle olmuş, ayrı cemaatten evlenenler böyle olmuş" diyor ve aile saadetinin sırrını soruyor.

Evvela şunu söyleyeyim ki, çeşitli ülkelerde mesut olan da, olmayan da var. Bu açıdan bakınca mesut olmak bir ilim ve sanat işidir.

İlim işidir: Piskolojiden, sosyolojiden, pedagojiden nasibi olan bir hanım kocasının hoşlanıp, hoşlanmadığı şeyleri tesbit eder mesut olur. Aynı şeyi erkek için de düşünebiliriz.

Daha pratik bir usulle bir hanım: "Kocacığım hoşlanıp, hoşlanmadığınız şeyleri bana yazdırır mısınız?" dese, geçimsizlikler asgariye iner.

Bir İslâm âlimi: "İdealimdeki hanımı bulsaydım, dindar olamazdım" demişti. Yani kocasını mesut eden hanımlar, aynı zamanda onu esir alır.

Hegel diyor ki: "Mutlaka evlenin, karınız iyiyse mesut, değilse filozof olursunuz."

Saadetin bir de sanat yönü vardır: Sofraya konan bir çiçek ve bir tebessüm çok şeyi değiştirir.

Bir de bunun tersini düşünün, yemek sizi yer.

Yemesini, giymesini, gezmesini, konuşmasını bilen hanımlar dünyanın her yerinde mesut olmuştur.

Diyeceksiniz ki: "Aile saadetinde bütün iş kadına mı düşüyor?"

Ne yazık ki öyle!

Maddi ve manevi gücüne rağmen erkeğin her yaşta bir çocuksu tarafı vardır. Kadın, çocuğuna baktığı gibi kocasına da baksa onu teslim alır. Erkek daima kadına muhtaçtır, kadın böyle değil...

Kadının "sevmek" yönünden bir zaafı varsa, kocasını sever. Fakat onu memnun edemezse, gelen geçimsizlik, kadını çıldırtabilir.

İslâmiyet de aile saadetinin sırlarını vaaz etmiştir, bu da bir ilim ve irfan işidir.

Sanat, Allah'ın Sani sıfatına istinat ettiğinden sonsuza uzanır, insan bundan ne kadar pay alırsa, o kadar başarılı olur.

Müslümanlar (ekseriyet itibariyle) ilimde ve sanatta geri kaldıklarından aile saadetinden de mahrum. Gayri müslimlerden bazıları da daha şuurlu ve devamlı bir beraberlik içinde olabiliyor.

Herşeyde olduğu gibi aile saadetinin sırrı da İslâmiyet'tedir amma, o ölçüyü ve ahengi yakalamak lazım.

Kur'an'ın tarifiyle insan zalim ve cahil olduğu için ona din gönderildi ki kerim ve alim olsun.

İnsan üzerine bir sohbet

Fizyolojide insan yapısı, hayvanlarla beraber incelenir. Gerçekten de büyük benzerlikler vardır. Kan dolaşımı, beslenme, büyüme, üreme gibi... Bir kısım insanlar, ahlâkta da aynı hareketlerde bulunup, kediler gibi nikahsız evlenmeler, komşunun tarlasında otlayan koyun gibi haram, helal demeden yeyip, içmeler gibi...

Hayvanların hayatında İBADET yoktur. Müslümanın hayatını da ibadetler tanzim eder. İbadeti, sadece namaz ve oruçtan ibaret bilmek, İslâmiyet'i anlamamaktır. Namazda okunan âyetler, hayata tatbik edilirse ibadet bütünüyle ortaya çıkar.

Hayvanlarda mazi ve istikbal anlayışı yok. Onun için geçmişin pişmanlığı, geleceğin endişesiyle rahatsız olmazlar. dallarda sevişen kuşlar görürüz, uçtu mu herşey bitti.

İnsan öyle değildir, hayatı boyunca unutamayacağı, tesirinde kalacağı, depresyona gireceği olaylar vardır. İnsan uçakta uçabilir amma kuş değildir. Mazisini sel yatağı, istikbalini uçurum gibi görebilir. Bunlar, hayattan tat alamaz. O zaman mazi ve istikbali unutmak için kendini içkiye, kumara, eğlenceye verip, zehirli ballarla hayatı iyice zehir eder. Hapishanede, hastahanede, hatta evinde kuşlara bakıp, onlar gibi olmak isteyen insanların sayısı az değildir.

Bugünkü medeniyet, insanları İBADET'ten ayırarak, hayvanlar derecesine indirmek istiyor.

Amma kuşların terziye, avukata, mühendise, şoföre ihtiyacı yokken, insanların ihtiyaçları İSRAF EKONOMİSİ'yle arttıkça arttı. İhtiyaçların temeli, Müslümanca olmazsa, insan, hayvanlardaki huzuru da bulamaz.

İbadet, dünya ve ahiret saadetinin esasıdır, işleri tanzime sebeptir, kemalatı temin eder, Halik ile kul arasındaki yüksek irtibatı sağlar.

İnsan, gerçekten "eşref-i mahlukat"tır, üstündür, azizdir. Bu üstünlüğünü isbat için, iradesini İslâmî yolda kullanması lazım. DİN duygusu ile hayvanların fevkine çıkabilir.

İnsana kabiliyetler verildiği için, çok yönlü hareket edebilir. Eğer DİN'e tabi olmazsa, başıboş kalır. Arzularında, meyillerinde iyi ile kötüyü karıştırır, sadece ADALET gerçekleşmese herşey berbat olur. Bunun için akıllı insan, külli akıldan istifade eder. Kainattaki nizamın mükemmelliği kadar, mükemmel olmak isteyen, İslâmiyet'e tabi olur, kurtulur.

İslâmiyet'te asıl olan Kur'an ve hadislerdir, içtihadlar da bunu takip eder. Madem İslâmiyet kitaplı bir dindir. Müslüman da ilim sahibi olmalıdır. İlimle ibadet birleşirse menfaati büyük olur. Eğer Müslüman ilimden uzak kalırsa ameli de faydasız duruma düşebilir. Bir hadis-i şerifte mealen buyuruluyor ki: "İlim talep etmek, Allah katında, nafile namazdan, oruçtan ve hacdan, fisebilillah olan cihaddan eftaldir."

Bugünkü Müslümanların İslâmî hallerden kaçınmaları, vaaz şeklinde konuşup, yaşamamaları, iman zaafından ileri gelse gerektir. Eğer, Müslümanlar, İslâmiyet'i yaşamazsa, ecnebiler, hiç yaşamaz. Yaşanmayan din yok olur.

İslâmiyet bir güneş gibi batar, batıl dinler ve ideolojiler karanlık gibi onun yerini doldurur. Artık gece başlamıştır. Her yer karanlıktır, hak ile batıl ayırdedilmez olur.

Elbette Müslümanlar böyle hallere düşmek istemez, amma düşürmek isteyenler var.

Müslümanlar, İslâm dışı hayatta itildiklerini anlasa, dinlerine daha çok sarılırlar.

Müslümanlar İslâmiyet'i yaşasa, herşey Müslümanca olur.

Servetin içinde yüzüyorsan onu içine alma batarsın.

İnsan, ebede giden bir yolcudur

"Ağır hasta" dediler, beni de çağırmış, ziyaretine gittim. Yenge hanım beni salona aldı, kapıdan girer girmez, arkadaşımı ayakta buldum. Yatak kıyafeti ile pencereden dışarıyı seyrediyordu.

Selam verdim, döndü, oturdu. Artık her şeyden vazgeçmiş olmalı ki, ne selamımı aldı, ne elimi sıktı. 'Hoşgeldin'de demeden:

– Gece kabuslar içinde kaldım. Apayrı bir dünya, her şey karışık. Renklerin boğuşması, ışıkla karanlığın körebe oynaması... Çizgiler, şekiller... Of, sabah olmak bilmiyor. Uykuya hasretim, uyku başıma bela!..

– Sizi iyi gördüm, dedim.

Her şeye boş verir gibi elini salladı:

– İyiliği kaldı mı, ömrü tükettik. İnsan nasıl değişiyor, gençliğimi beğenmiyorum. Gençleri toplasam, hepsine "Haramda hayır yoktur!" diye bağırsam, dinlerler mi?

Yutkundu, mendiliyle burnunu sildi:

– Dinlemezler. Haramlar zehirli bal. Hem lezzet veriyor, hem zehirliyor. Bunun için zevklerinin esiri olanlar, beni dinlemez.

Derin bir iç geçirdi:

– Ben beni dinledim mi?

Biraz da şaka ederek, takıldım: "Maşaallah, aslan gibisin.."

– Zekâmdan, hafızamdan şikayetim yok. Hele hafızam, sadece haramları hatırlatıyor. Bu filmi daha kaç defa seyredeceğim?

Gözlerini sildi:

– Amel defterini çok iyi anlıyorum. Hafızam o işi şimdiden yapıyor. fakat hep haramları hatırlatıyor, helaller yok mu?

– Siz iyi bir Müslümandınız, güzel bir hayat yaşadınız. Elbette sevabınız çoktur, deyince:

– Şahitlik edin, şahitlik edin ki beraat edelim. Aksi halde yandık, diye inledi.

Kalkıp, tekrar pencereye dayandı:

– Ölüm, ahiret trenine alınmış bilet! Bu dünyadan ayrılıp, gitmek. Ev, bark, çoluk, çocuk... Yeşil ağaçlar, güzel çiçekler, mavi gök! Kuşlar, sular... Velhasıl her şeyi bırakıp gitmek!... Arabasıyla, uçağıyla alışmıştık bu dünyaya... Öleceğime yeni inandım. Geçmiş yıllarda ne gördüğüm tabutlar, ne mezarlar, öleceğimi hatırlatmadı. Artık kat'î inanıyorum ki, öleceğim!..

Döndü, yüzüme baktı, ne diyeceğimi şaşırmıştım. Yatağına girdi, yastığa yaslanıp, yorganı gırtlağına kadar çekti:

– Ölümü beklemek, ölmekten zor. Bana üzülenler, beni üzüyor. Keşke benim için ağlayanlar olmasaydı, daha rahat ölürdüm.

Gözlerini tavana dikti, sayıklar gibi konuşuyordu:

– Ahiret çok uzak, gidemiyoruz. Ahiret çok yakın, öldü mü ahiret!

Korkularını, endişelerini dile getirmeye başladı:

– Ölümle dünya lambası kararacak, o anda ahiret lambası yanacak, ne göreceğim? Ölüm ne kadar gerçekse, ahiret de o kadar gerçek. Elbette bu dünyayı yaratan bir başka âlem de yaratabilir. Bizi bu dünyaya getiren, şimdi öbür dünyaya götürüyor. Amma bir şehre gitmeye kalksan, yine bir şeyler oluyor. Dünyadan ahirete gitmek...

Aniden komaya girdi. Yenge hanıma haber verdim, hepsi birden geldi.

– Yapacak bir şey yok, komaya girip, girip çıkıyor, Allah sonumuzu hayretsin, dediler.

İzin aldım, şifalar dileyerek ayrıldım. Anlatılması zor...

Cemiyetin çöplük haline gelmesinden korkma, fikir tohumlarını ek, çöplükte gül de biter.

İnsanın seviyesi

İnsan evvela fizikî yapısıyla diğer canlılardan ayrılır. Öyle ise belli bir yapıya sahip olan herkese insan diyoruz.

Allah, bizi hem insan olarak yaratmış, hem de bize İslamiyet'i göndermiş. Çünkü insandan başkası Kitab'a ve Peygamber'e muhatap olamaz!

Bu durumda: Müslüman olan, olmıyan diye insanları iki kısımda ele alacağız.

Müslümanlar da, kendi aralarında farklı seviyelerde bulunuyor:

1- Kendine bile hayrı olmıyanlar; bunlar, Zemzem gibi akan İslâm nehrinin bataklığına dönüştüğü yerdir.

2- Kendini kurtarıp, başkasına faydası olmayanlar. Bunlar aynı zamanda bencildir, İslâm nehrinin kaybolduğu kumsallara benzerler.

3- Çoluk, çocuğuna, akrabalarına faydalı olmaya çalışanlar. Burda yeşillikler görülür, diken de, gül de vardır, amma bağlardan, bahçelerden çok uzaktalar.

4- Ücret vermeyi, zekâttan eftal (üstün) görenler. Zekât, testideki suyun harcanmasıdır; ücret ise pınardır. Başkalarına ekmek yedirmeye uğraşanlar, ümmet (millet) yolunda bir adım atmıştır.

5- Doğruluk, beceriklilik sırrına erip, Müslüman iş adamlarıyla işbirliği kurup, dünya Müslüman ticaret imparatorluğuna doğru yol alanlar... Şurası hiç bir zaman unutulmamalı ki, İslâmiyet tüccarlarla yayılmıştır. Tüccarlar, İslâm âlimlerini dünyanın dört bucağına taşımış; tüccarlar, askerî zaferleri, ekonomik zaferle tamamlamıştır.

6- Milletin derdini kendine dert edinip, bunlara derman arıyanlar. Kültür, ekonomi ve politika da bu cümledendir.

7- Bugün dünyada birbuçuk milyar Müslüman var. Bunların yarısından ellialtı İslâm ülkesi olmuş. İslâm ülkelerinin tamamı süper güçlerin pazarı durumunda. Ekonomik esaret, kültürel ve politik esareti de beraberinde getirmiş. Diğer yarı ise: Esir, muhacir, işçi, azınlık, beyin göçü vesaire... Bunlara savaşan Müslümanlar'ı da ilave edebilirsiniz.

* * *

İnsanlar zevklerine ve menfaatlerine tabidir.

Zevkini ve menfaatini İslâm'a uyduramıyan insan bazen çok tehlikelidir.

El, göz, kulak ve ağız gibi maddî organlarla; inat, kin, merak, şehvet ve akıl gibi manevi organlar nefis kelimesinde toplanır, bunları islah etmek, nefsi de islah etmektir.

Müslümanlar'ı fert ve aile planında ele aldıktan sonra; cemeatler ve partiler ne durumda? İslâm ülkelerinin birbiriyle, bunların yabancı ülkelerle ilişikleri nasıl?

Dünya devletinde Müslümanlar'ın yeri neresi? Bu devletin hükümeti kim ve parası nedir?

İşte bu sorulara cevap arıyan insan, geniş görüp, büyük düşünebilir.

Hiç şüphe yok ki Mahkeme-i kübra dehşetli olacak!

İyiliği sevmek, iyileri beğenmek, onlara benzemek, iyi olmak için yeterlidir.

Yeni çağın yeni insanı

"Gidelim Göksu'ya, bir âlem-i ab eyleyelim"

Diyerek yola çıktı: "Artık ne Sâdâbât, ne de Göksu var. Hiç

olmazsa bir gemi sefası yapayım" deyip, Yalova vapuruna bindi. Güverteye oturdu, ayaklarını korkuluk demirlerine dayayıp, dümen suyunun seyrine daldı.

"Neden Adalar'da inmedim?" sorusuna yine kendisi cevap verdi: "Mahşer gibidir"

Bu "mahşer" kelimesiyle güverte mahşere döndü, kızlı erkekli bir sürü genç, söylüyor, oynuyor, gülüyor ve bağırıyordu. Sandalyeler de onlara katıldı, hiçbiri yerinde oturmuyordu.

"Hayatı olduğu gibi kabul etmeli, herkesten evliya tavrı beklenmez ya..." diye düşündü.

Sanki içinde iki insan vardı, bunlar birbiriyle münakaşa halindeydi. Gençlerin bu hali biraz da hoşuna gitmişti, hiç değilse, içindeki sesler susmuş, bir bakıma hayal dünyasından hakikata dönmüştü.

Dalgıçlar bile ölçülü dalar, fakat insan daldı mı, kendini unutuyor, bunun için hafifliklerden hoşlanır, becerebilse, kendisi de onlara katılmak isterdi.

Bu arada "gerici, yobaz" gibi kelimeler kulağına geldi. Amma her kelime kahkaha ve çığlık tufanında pörsüdüğü için pek anlayamadı.

"Bira şişelerini denize fırlatan, Batı müziği ile dans eden, show yapan bu gençlerin, böyle kelimelerle ilgisi olamaz" derken başındaki berenin alınıp, denize atıldığını gördü. Birden bire sesler yükseldi ve hareket arttı.

Adamcağız, heykel sessizliğini korurken, gemi de bereden uzaklaşıyordu.

Gençlerden biri gelip, reverans yaptı:

– Birşey demiyecek misiniz, gericiler kralı?

Adam gencin yüzüne baktı:

– Berenin içine baksaydınız Fandango yazısını görürdünüz, yine aynı etikette "Made in France" yazılı idi. Onu Paris'te almıştım.

Genç ciddileşti:

– Demek, gericiliği Paris'e kadar götürüyorsunuz?

Birisi geldi, onu kolundan çekti. "I love you"lu bir şarkı tutturdular, adam da hiç istifini bozmadan Marmara'nın kirli sularına bakıyordu.

"Sadece çevre mi kirlendi" demeye kalmadan bu sefer iki genç, sandalyeleri çekip adamın yanına oturdular.

– Birşey demiyecek misin?

Adamcağız sakin bir sesle.

– Geçenlerde Samsun'dan, Ankara'ya geliyordum. Korkunç bir trafik kazası gördüm. Almanya plakalı bir gurbetçi arabası, yola çıkan kamyonun altına girmişti. Düşündüm bu araba Berlin'den buraya gelinceye kadar, bir yerde bir dakika bekleseydi, bu kaza olmayacaktı. Sizce bu, bir tesadüf mü?

– Anlamadım amma öyle!

– Asırlardır, gezegenlerin, yıldızların birbirine çarpmaması da tesadüf mü?

Gençlerden biri fırladı:

– Şimdi anlaştık, berenin denize atılması da tesadüf değil, Tanrı'nın işi...

Bir kız geldi:

– Neşemizi bozma Erol! diyerek onu alıp, götürdü.

Diğer genç sordu:

– Anlattıklarınız bilmece gibi, evvela olup bitenlerle trafik kazasının ne ilgisi var?

O sırada gençlerin bütünü üşüştü. Adamcağız:

– Krezüs'ün "Solon, Solon!" diye bağırmasının sebebini size anlatayım mı?

Belki birkaç ses birden sordu:

– O da kim?

– lise bir tarihinden Krezüs'ü hatırlamıyor musunuz?

Bir tanesi:

– Amca, amma da inekçiymiş dedi.

Öbürü bağırdı:

– Bırak oğlum ineklemeyi, inekçiliyi! Okulu hatırlamak bile istemem!

Arkadaşlarına döndü.

– Haydi çocuklar dalgamızı geçelim.

Onlar çılgınca eğlenmeye başlayınca "Güvertenin tadı kaçtı" diyerek yerinden kalkıp, salona geçti.

Garsondan çayı alırken "Şeker istemez" dedi. "Acıya acıda buldun ilacı" mısraını mırıldanarak, karıştırmaya başladı.

"Sahi şeker yok" deyip, kaşığı bıraktı. Çayını yudumlarken. 30 yaşlarında sakalsız, bıyıksız biri "Oturabilir miyim?" diyerek hemen çöktü.

– Oturunuz efendim, oturunuz...

Rüyada konuşur gibi... Rengi sararmış, kaşları gerilmiş ve alnındaki kırışıklıkları artmıştı. Bardağı sıkıyor, yiyecekmiş gibi çayını içiyordu.

– Af edersiniz, Krezüs'ten bahsettiniz, anlatır mısınız?

"Sen de onlardan mısın?" gibilerden yüzüne baktı, anlatmaya başladı:

– Milad'dan önce yaşamış Lidya İmparatoru'dur. Yunan filozoflarından meşhur Solon'u davet etmiş; saraylarını, hazinelerini anıtlarını göstermiş.

– Benden daha güçlü, daha mesut insan var mı? diye sormuş.

Solon, yalın ayak, sırtındaki basit giyimiyle, hiçbir şeye önem vermeksizin demiş:

– Ölmediğiniz için kararımı veremem.Nasıl öleceğinizi de bilemem!

Krezüs, bu cevaptan memnun olmayarak, onu başından savmış.

Ne zaman ki Pers Kralı Kurus'a esir düşmüş "Solon, solon" diye bağırmaya başlamış. Kurus, bu kelimeyi merak etmiş ve sormuş. O da olayı anlatmış.

Kurus:

– Seni ateşe attıracaktım, vazgeçtim. Kim bilir, benim sonum nasıl olacak?

Diğeri sordu:

– Tarihçi misiniz?

– Hayır imamım.

– Hayret, Avrupa'yı çok iyi biliyorsunuz?

– Artık ilmin, kültürün sınırı, devleti yok.

– Ben de iktisat doçentiyim, size "yeni çağın, yeni insanı" diyebilir miyim?

– Teşekkür ederim.

Öyle bir sohbete daldılar ki, Marmara'nın kirliliğini, gençlerin haylazlığını, yolun uzunluğunu unuttular.

Vapur durunca, imam şu mısraları okuyarak, yeni dostundan izin istedi:

"Senin de biter yolun diner gözünde yaşlar.
Benimse uğursuz yolum, bittiği yerden başlar."

Yalova'ya niçin geldiğini bilmeden dolaştı. Öğle namazını kılıp,yemek yedi ve iskelenin yolunu tuttu. Artık atılacak beresi olmadığı için korkusuzca vapura bindi.

– Bu devrin âlem-i âb'ı da böyle olur. Ne terkip, ne de sefa anlaşılır...

Bizi düzeltmek isteyenlere kollarımızı açacak yerde, yumruklarımızı uzatırsak, hayatın sillesini yeriz.

Başarılı olmak

Ayetle, hadis arasındaki farkı bilmeyen, ilhamla vahyi birbirinden ayıramayan 40 sene evvelki insanlar, bugün İslamiyet'le ilgili çok şeyler biliyor. Halkımızın yetişmesinde yazarların ve konuşmacıların payı büyüktür. Zaten İslâmiyet'i öğrenen müslümanlar bir çok yazarın ve eserin de ismini ezberlemiş durumda.

Geçmişte yapılan ve yapılamayan işleri sıralamakta fayda yok. Acaba gelecekte neler yapabiliriz?

Her genç bir fakülte bitirir, lisan öğrenirse...

Tahsilini tamamlayamayanlar iyi bir sanatkâr olup, Arabça'ya çalışırsa, Müslümanlar güç kazanır.

Yemesini, giymesini bilmek... Özellikle konuşma kurallarına dikkat etmek, sosyal yaratık olan insanı, başarıya götürür.

İnsan hangi ırktan, hangi dinden ve hangi devletten olursa olsun; insanın insana üstünlüğü yoktur. İnsanların bütününe Allah, aynı kabiliyeti vermiş.

İnsanları başarıya götüren şahsi kabiliyetleri değil, sahip olduğu meziyetler ve prensiplerdir.

Tahsilli, lisan bilen, çalışkan, doğru ve işinin ehli olan insan, nerede olursa olsun başarılıdır.

Başarılı olmak isteyen genç bu beş meziyet ve prensibe sahip olacak. Bunlar zor şeyler değil.

Tahsilini tamamlamayan veya sanatkâr olmayan gençler, İslâm âleminin çökmesine yardım eder.

Bir kısım gençler, tahsil yapmadığı ve sanat öğrenmediği halde tezgahtarlık veya buna benzer hizmet sektöründe çalışıyor. Bunlar bir aile şirketi içindeyse ne ala! Başkasının yanında çalışılıyorsa, gelecekte zor günler, onları bekliyebilir. Şöyle ki: İnsanlar yaşlandıkça ücretleri artar. İşveren, yaşlı, dolayısıyla yüksek ücretli elemanı çıkarır, genç ve düşük ücretliyi alır. Böylece tahsilsiz ve sanatsız adam boş kalır.

Denecek ki: Yüksek tahsillilerden de boş kalan var.

Yüksek tahsil başarının beş şartından biri idi. Yüksek tahsilli olup, işini bilmezse, çalışkan, doğru olmazsa elbette işsiz kalacak.

Mesela ziraat mühendisi birçok genç, iş bulamıyormuş. Çünkü devlet tüketici yetiştiriyor. Dolayısı ile Ziraat Fakültesi'ni bitiren genç devletten iş istiyor, bulamayınca işsiz kalıyor. Halbuki ziraat tahsili yapmamış nice insan arıcılık, balıkçılık, meyvacılık yapıp, para kazanıyor. Ziraat mühendisleri neden aynı şeyi yapmıyor?

Sanat öğrenen bazı kimseler de boşta kalabiliyor. Bunlar da başarının bir şartını yakalamış, diğerlerini ihmal etmişler....

Eğer Amerikalılar, Japonlar, Ruslar ve Almanlar, yan gelip yatsalardı, biz de tahsilin, sanatın ve verimliliğin üzerinde durmazdık. "Gavur" dediğimiz kimseler başarılı olup, büyük işler yaparken, Müslümanlar'ın boş kalması, iş yapamaması, "çiğnenmeleri" mânâsına gelir.

İşsiz, güçsüz insanların ibadet etmesi de acaip. Çünkü bunların kendilerinden başkasına faydası yok.

Fakat:

İslâmî ilimler üzerinde ihtisas yapan, bu yolda etrafına nur saçan kimseler, başarının zirvesine ulaşmıştır. Bunlar, yüsek tahsillilere veya sanatkârlara islâmiyet'i öğretirler, onların ibadet etmelerine sebep olurlar ki asıl olan da budur.

Her Müslüman "Ben İslâm milletinin içindeyim, milletime hizmet için neler yapmalıyım?" diye düşünmelidir.

İslâm düşmanlarının çokluğu sebebiyle, her yerde Müslümanlar eziliyor, sürünüyor. Bu gerçeği anlamayan, bu derde derman bulmayan, bulamayan, Müslüman ne kadar şuurludur!..

her genç güçlü olmanın, büyük olmanın yollarını aramalıdır. Zira büyük davalar, büyük insanların omuzunda yürür.

Tahsilsiz, bilgisiz, beceriksiz insanların, bırakın İslâm'a hizmet etmesini bunlar, millete yüktür. Bunların çoğu serseri olup, dahili huzursuzluklara sebebiyet verdiklerinden İslâm düşmanlarının ekmeğine yağ sürer.

İtilip, kakılmak istemeyen gençler, sayıları beşi geçmeyen meziyet ve prensiplere sahip olup, yücelsinler. İnsanları başarıya götüren prensiplerdir. İnsan prensip sahibi olmazsa ne olabilir?

Bana dosttan bahsetme, zira kendine dost olmayanın dostu olmaz.

Hiç

Eskiden tekkelerde eskimez yazıyla yazılı. Hiç levhası asılı imiş. Tekkeler kapatılınca bu levhaları şunun, bunun evinde gördük.

Derlerdi:

– Ne olacaksın?

– Siyasal Bilgileri bitireceğim, kaymakam, vali...

– Sonra?

– Sonra hiç!

Diğeri büyük bir şey keşfetmiş gibi atılırdı:

– İşte ben hiçim!...

Bunlara isyan etmiştim: "Gavurların herşey olduğu bir devirde Müslüman hiç olmamalı."

İnsan

Gözle görülmeyecek kadar küçük mikroplara mağlup olacak kadar cılız amma, dünya haritasını değiştirecek kadar da büyük!

Zaten "Hiçim" diyenin tevazusu altında, rütbelerin ve mevkilerin en üstüne çıkmak gibi bir gurur yatıyor: Biri tahsilini tamamlıyor, kaymakam, vali oluyor, bunlardan sonra "hiç" derken, öbürü bütün makamları aşıp hiç makamına birden bire geliyor.

Maddi makamlar ve rütbeler gibi, manevi makamlar ve rütbeler de vardır. Bunun için insan (hiç bir zaman) hiç olup, mesuliyetten kurtulamaz.

Herkes sınırlı bir ömre sahiptir, her mevki, her şöhret kabrin kapısında biterken; mal, mülk de dünyada kalır. Amma meyhanede ölenle camide ölen aynı değildir.

Alimle cahil, iyiyle kötü, veliyle eşkiya aynı olamaz.

Hiç olanları bir yana bırakıp, kendimize bakalım:

İnsan, Allah'ın muhatabı: "Ey iman edenler!" hitabına:

"Emret Rabbim" demek gibi yüce bir makama sahip.

İnsan, yeryüzü mescidinde, mahlukatla beraber cemaat-i kubra olup, Yaratan'a itaat ve ibadet eden şuurlu bir mahluk..

İnsan, ilim ve ibadetle kemale eren, dünya ve ahiretini Cennet eden bir mü'min.

Çok küçük olan insan, kainat kitabını sahife sahife okuyan bir münevver.

Evet, ölümle hiç olmak mümkün değil. Çünkü kabir kapısından geçeceğiz. Ahiret sarayına çıkacağız. her sarayın mahkemesi, cezası, mükafatı vardır.

Her insan Mahkeme-i kübrada muhakeme olduktan sonra, ya Cennet'te ebedi saadete nail olacak veya Cehennem'de azap çekecektir.

Cehennem ehli için Hiç olmak bir şanstır amma imkanı yok. Çünkü şu Cennet gibi dünyayı başımıza cehennem edenlere, Cehennem gerektir.

* * *

Hiçlikte acziyetin ifadesini gördüm.

Adeta Müslümanlar'ın perişaniyetini bu levhada okudum.

Adil olan Allah, hiç kimseyi, hiçliğe atmaz.

"Hiçim" demek, hiç kimseyi mesuliyetten kurtaramaz.

* * *

Hiççilik diye Avrupa'da Nihilizm felsefesi vardır.

Sofistlerden Gorcias ile başlayıp, büyük muzdariplerden Nietsche (Niçe), Sartre ile devam eden bu cereyan, inkarcıları, isyancıları yetiştirmiştir.

* * *

Hiçlik, bir kısım insanların sığınacağı bir kapı olsa da, Allah'ın sıfatları herşeyi kuşattığından "Mutlak yokluk" yoktur.

Bunun için insan da yok olamaz. Her insan, yüz sene evvel nerede idiyse, yüz sene sonra da orada olacaktır.

Ahirette hiçlik olmadığı gibi, dünyada hiç olan insanda, şunun bunun oyuncağı olur.

* * *

Felaketlerin ağırlığı altında çıldıran Tevfik Fikret:

Her şeref yapma, her saadet piç
Herşeyin ibtidası, ahiri hiç!

şeklinde hezeyanlarını söylerken Osmanlı Devleti yıkılıyordu.

On yedinci asırdan, yirminci asra kadar şahlanan Avrupa karşısında, bir kısım Müslümanlar'ın "Hiçlik"i seçmesi, talihsizlikti

Hedefi aşanla, hedefe yetişmiyen ok, ikisi de isabetsizdir.

Hep veya hiç

Lucretius, Milat öncesinden sesini bize duyurup, haykırıyor: "Hiçten hiç birşey yaratılamaz!"

Asırlarca sonra, 1743-1794 yılları arasında yaşamış meşhur kimya bilgini Lavoisier ondan farklı birşey söylemiyor: "Hiç birşey yoktan var edilemez, var olan da yok edilemez."

Bilim tarihimizin çilesi olarak, on dört asır evvelki İslâmiyet'e inanmıyanlar, milatın evvelki Lucretius'un fikrini, fiziğin ve kimyanın süsü olarak kabullendiler.

Ne ise ki Einstein, maddenin enerjiye, enerjinin de maddeye dönüştüğünü söyleyerek, inkara "dur" demişti.

Modern fizik ise: Maddeyi enerjinin pekiştirilmiş şekli olarak tarif ediyor ki, artık maddeyle mânâyı, cesetle ruhu ayrı ayrı düşünmeye imkan yok.

Gelelim: "Hiç nedir?" sorusuna.

Eğer burnumuz olmasaydı kokuları bilmezdik. O zaman kokular "hiçlik âlemi"nde kalacaktı, bize göre koku diye birşey olmayacaktı, kokuyu da, dolayısıyla koku kelimesini de bilmeyecektik.

Kokuları, "hiçlik âlemi"nden dünyamıza çıkaran burnumuzdur.

Zaten kokuları yaratan kim ise, burnumuzu da yaratan O'dur!

Avrupa bilim adamlarına bakarak "Koku, hiçten yaratıldı" diyebilir miyiz?

Kokular zaten var idi, burnumuzla onun varlığından haberdar olduk.

Kör için ışıklar ve renkler yoktur.

Nasıl ki, körün görmediği, sağırın işitmediği şeyler, hiçlik, yokluk âleminde değilse, bizim de görmediğimiz, duymadığımız ve bilmediğimiz şeyler hiçlik veya yokluk âleminde değildir. Onları görmeye gözümüz, onları duymaya kulağımız ve onları anlatmaya beynimiz yetmiyor.

Avrupa biyologları ve anatomi bilginleri görüş alanımızın sınırlı olduğunu söylerken, belirli firekansların dışındaki sesleri duymadığımızı da tespit etmişlerdir.

Demek ki, şu dünyamızın içinde başka âlemler de var, fakat biz onları duyamadığımız, göremediğimiz için hepsini hiçlik âlemine atmışız.

Mikroskoplarla, teleskoplarla neleri neleri gördük.

Elektronik cihazlarla pek çok sırları çözdük.

Fakat elektriğin, manyetik alanın mahiyetini bilmiyoruz.

İki yüz sene evvel hiçlik âleminde olan uçaklar, bilgisayarlar ve optik cihazlar, bugün pek çok.

Peki, "Hiçbir şey yok edilemez, hiçbir şey de yoktan var edilemez" sözünde bir hakikat payı var mı?

Elbette var. Mesela elementler belli sayıda olduğu gibi

atomlar da öyledir. Bunların sonsuz sayıda olduğunu kabul edemeyiz.

Şimdi yaratılmış bir atomu veya elementi yok edemeyiz, bir atom da yaratamayız.

Madde enerjiye, ısıya, ışığa dönüşür, yok olmaz, çünkü mutlak yokluk yoktur.

Yokluk, varlığın zıddıdır. Mutlak varlık Allah'tır, Allah'ın sıfatları herşeyi kuşatmıştır; herşey, bu sıfatların tecellisidir. Allah, yarattığı şeylerin âlemini değiştirir, biz de onların yok olduğunu zannederiz.

Harf harf yağdı ilim üzerimizden
Kimimiz gül olduk, kimimiz diken

Ömer Okçu

Bir mektup

Muğla tarafından liseli bir kızın yazdığı mektup:

Sayın Hekimoğlu İsmail,

Size bu kaçıncı mektup yazmam! Hiçbirini bitirememiştim, inşallah bunu bitiririm.

Ben genç bir kızım, medeniyet denilen canavar, ailemi ve beni kollarının arasına aldı, babam çözemediğim bir sır oldu.

Babam dini konularda benimle konuşur fakat içtiği zaman o olgun insan gider, yerine ne konuştuğunu bilmeyen biri gelir. Aile düzenimiz öylesine bozuldu ki, kendimi çok çok yalnız hissediyorum.

Gençlik nedir, onu bilmiyorum, içimde bir ateş var söndüremiyorum. Hayal gemisi dümen tutmuyor. Kendimi bazen komşularla, bazen eğlencede buluyorum. Bunlar beni tatmin etmiyor. Arkadaşlarım gibi müzik dinleyip, erkek peşinde koşmak, mutluluktan çok uzak. İçimdeki ateşi söndürecek şey başka. Bu gemi bir başka limana girmek istiyor. Gözyaşlarım gelip geçici aşklar için değil, gerçek olan aşkı arıyorum. O'nu bazen bir çiçekte, bazen yağmurun yağışında buluyorum. Ben bu güzellikleri yaratanı sevmek istiyorum. O zaman yalnızlıktan kurtulabilirim. O'nun için yaşamak, O'nun için nefes almak, O'nu hissetmek... O'nun yarattığı en güzel insan Hazreti Muhammed (s.a.v.) Efendimizin yolundan gitmek istiyorum. Size sorarım, istediğim şeyler çok mu? Aşırıya mı kaçıyorum?

Çevremdeki insanlara göre aşırıya kaçtığım muhakkak. Ben ise birşey yapamamanın çilesini çekiyorum.

Eskiden Müslüman, Hıristiyan veya diğerleri elbisesinden, şunundan, bunundan belli olurmuş. Şimdi durum bambaşka. Aynaya baktığımda "Ben Müslüman mıyım?" diye soruyorum. Avrupa'daki gençlerden farksızım, onlar gibi giyinip, onlar gibi hareket ediyorum.

Ben farklı olmalıyım! Çünkü ben Müslümanım! İşte beni yakan ateş bu. Bilmediğim, tanımadığım o hayatın aşıkıyım.

Peki Müslümanlık nedir? Yani İslam nedir? Sadece namaz kılıp, oruç tutmak mı? Bana göre bunlarla sınırlı kalmamalı. Başka bir sır var, onu bulamıyorum.

Yunus Emre'ye o güzelim şiirleri yazdıran, Mevlana'ya ölümü sevdiren sır nedir, lütfen söyler misiniz?

Liseyi bitirsem belki kurtulurum. Çok hayal ettiğim tesettüre girerim. Önümdeki birinci engel kalkmış olur.

Eğitimden bana bıkkınlık geldi. Her derste İslam'ı karalıyarak gençliğin beynini yıkıyorlar. Adamlar uzaya çıktı, biz hâlâ maymundan gelip gelmediğimizi tartışıyoruz. Geçenlerde felsefe hocası, Şeytan Ayetleri isimli kitapla alakalı bir broşür getirmiş öğrencilere, "Bunu okuyunuz ki kimliğinizi bulasınız" diyor. O da İslam'dan çıkmamızı kimlik bulma şeklinde yorumluyor. İşte en çok güvendiğimiz hocalarımız beyin yıkıyor. Ben var olan İslam yaşayışını beğenmezken o bizi İslam dışına çekiyor, çıldıracağım.

Arayış içinde olan arkadaşım çok, onlara göre ben gericiyim, çünkü ben Allah'a inanıyorum.

Beni çelişkiye düşüren şeylerden biri de aşırıya kaçma korkusu. Aslında bu kelimenin ne anlatmak istediğini anlamıyorum. Annemle çok kez başörtüsü konusunda tartıştık. Bana sık sık: "Aşırıya kaçmandan korkuyorum" diyor. Hemen ilave ediyor: "Yakında deli olacaksın" Sonra nasihata başlıyor: "Dünyayı sen mi kurtaracaksın?" Tek annem değil, saygı duyduğum insanların hepsi bunu söylüyor. Of, ne kadar yalnızım!

Zaman'a abone olduğumu duydukları zaman, vermedikleri öğüt kalmadı. Beni af edin amma bazen sizlere bile güvenemiyorum. Siz de aşırıya kaçtığımı söylerseniz... Aşırıya kaçmak günah mı?

Size sorularım var, cevaplarsanız sevinirim:

Tarikata girmek iyi birşey mi? Tarikatların bütünü televizyonda gösterdikleri gibi acı çekiyorlar mı?

Gerçekten bir zamanlar Türkiye'de Allah demek suç muydu?

Abdülhamit, Vahdettin, Çerkez Ethem, Şeyh Sait vatan haini miydi, vatanseverler miydi?

Laiklik maddesi Atatürk zamanında mı, İnönü zamanında mı anayasaya kondu?

Lozan Antlaşması zafer miydi?

Şimdiden teşekkür eder, başarılarınızın devamını dilerim.

Serpil

Bekliyorum seni, kurtarıcısın
Yaratık değilsin, yaratıcısın
Sevginle, korkunla baş tacısın.
Kurtar, girdaptaki sallar gibiyim.

Ömer Okçu

Aşk

Babası:

– Oğlum, biz süründük, sen sürünme, derslerine çalış, derdi.

O da başarılı oldu, İktisat Fakültesi'ni kazandı, bir seneden beri hiç bir şeyle meşgul olmaksızın, giyimine, gezmesine, derslerine dikkat etti, rahatlıkla ikinci sınıfa geçti.

Hayalinde kocaman fabrikalarda, döner koltuklarda muhasebeci olmak vardı. Büyük maaşlar alacak, babasına hatta bazı akrabalarına yardım edecekti.

Sonra, evet sonra belki genel müdür, belki de bakan olacaktı.

Şimdiden idealine uygun hareket ediyor, kimseyle laubali olmuyor, boş zamanlarında İngilizcesi'ni ilerletmeye çalışıyordu.

Her kıza bir bahane buluyor, her arkadaşının çarpık tarafını görüp, kendi dünyasında hedefini şaşırmamaya gayret ediyordu.

Fakat bir kız vardı, kendisine benziyordu, çokları onun iyiliklerinden söz ederdi.

Meşgul olmak istemedikçe meşgul oldu, baktı ki bir gece onun için ağlıyor.

Artık günler uzadı, okul çıkışından, geceye kadar vakit geçmiyor, uykunun tadı kaçtı ve cumartesi, pazar çekilmez çile oldu.

Bir arkadaşına takılıp, bir eve gitti. Birisi oturmuş kırmızı bir kitabı okuyor, diğerleri de dinliyor, hatta uyuyanlar da vardı.

Fakat bu ders kendisini ilgilendiriyordu: "Evet, evet benim derdimi söyleyip, bana reçete veriyor..." diye dikkat kesildi.

"Acıkma duygusunu içimize yerleştiren Allah, sevmeyi de yerleştirmiştir. İnsan, mutlaka birşeyleri sevecek. Sevdiğimiz şeyler iyi de, kötü de olabilir. Şarkı ve türkülere bakarsanız hepsi aşktan, sevgiden, sevdadan bahseder. Soliste sorsan "Kimi seviyorsun?" Gördüğü ihanetlerden sonra kimseyi sevmediğini söyler. Bununla beraber güfteler aşk dolu. Çünkü ruhla, Allah'ın hayat sıfatı arasında da perde yok. Lakin ceset, ruhu esir etmiş, canının istediğini yapanlar, ruhuna pay vermemiş. böylece ruh çırpınıyor, yaratanını, bekayı, ebedi saadeti istiyor; bunlardan haberi olmayanlar feryat, figan ederek aşk şarkıları okuyor. Mevla diyecek yerde Leyla diyenler çoğalıyor; sokakta bulduğunu parkta kaybedip, ağlıyor.

Muhabbet bunun için verilmemiştir. Allah, sevmek duygusunu içimize yerleştirmiş ki: Allah'ı sevelim, Allah'ın sevdiklerini sevelim, Allah'ı sevenleri sevelim...

Allah'ı sevmenin alameti haramlardan kaçmaya çalışmak, helalları da gücü yettiği kadar yapmaktır."

Ders bitti, birer bardak çay içtiler, dağıldılar.

O gece yine ağladı, bu sefer hayalinde o kız, bir de o adam vardı: "insan, parayı, kadını, içkiyi, kendisini, böylece herşeyi sever. Amma Allah'ı... Her genç, mutlaka aşık olur, mutlaka birşeyleri sever. Bu, İlahi aşka bir basamaktır. Fuhuşa kadar uzanan aşkı bir yana bırakın, beyninizi, kalbinizi, vicdanınızı hatırlayın, kainat çapında bir sevdanın sevdalısı olun!"

O adam, onun iç dünyasında susmadı, o da derslere koştu. Yeni bir dünya açılmıştı önüne, yeni bir alemin adamıydı, yepyeni ufuklara koşuyordu artık, kurtulmuştu.

Uzuvlarının zevkini tatmin eden,
gönlüne nedamet ağacı diker.

Hayata isyan

Roman yazmak isteyen çok, bunların hepsi, bir delikanlı ile bir kızın aşkını işlemeye çalışır.

Aşksız roman olmazmış. Aşk, insan hayatının motifi bir serüveni imiş. Onlara göre her insanın hayatında aşk varmış.

Aslında aşk, seksi manada ele alınmaktadır. Özellikle erkekler bu duygunun tesirinde çok kaldığından, kadınlar, bunu istismar etmekte, kendi menfaatleri yönünde kullanmaktadır.

Cinsi hayatın ötesinde bir "Sevmek duygusu" içimize yerleştirilmiş. Nasıl ki irademiz dışında acıkıyorsak, birşeyler yemek zorunda kalıyorsak... Aynı şekilde irademiz dışında severiz. Bunun için makamını, menfaatini, zevkini, çoluk, çocuğunu sevenler pek çoktur.

Amma, sevme duygusu bunun için verilmemiştir. Sevmek duygusu verilmiş ki Allah'ı sevelim, Allah'ın sevdiklerini sevelim ve Allah'ı sevenleri sevelim diye.

İnsanlar, sevmek duygusunu yanlış yerlerde kullanıyor, çok kere sevilmemesi gerekeni seviyorlar, bu sebeple de sevdiklerinden tokat yiyorlar. Şarkı ve türkülere dikkat edilirse, feryat figandan ibarettir. Çünkü Mevla diyecek yerde Leyla demişler, sevilmemesi gerekeni sevmişler, parkta bulduklarını, sokakta kaybedip, "yaktın beni, öldürdün beni" diye bağırıp çağırıyorlar, bunun adına da müzik diyorlar. Ruhun düşmanı olan bu müziğe "ruhun gıdası" diyerek hatalarını devam ettiriyorlar.

Şarkı ve türkü söyleyenler, bunlardan hoşlananlar, birşeyler istiyor, birşeyleri seviyor. Aslında Allah'ın rızasını isteyecekken, ebedi saadeti sevecekken, peygamberin sünnetine tabi olacakken, bilmemek, anlamamak sebebiyle seksi hayatın içine dalmışlar, bataklığa battıkça batmışlar.

Eğer seksi hayat gerçekten AŞK olsaydı, bu aşkı, mart kedilerine ve sokaklarda sevişen köpeklere bırakmak gerekirdi. O zaman Leyla ile Mecnun, Ferhad ile Şirin, Arzu ile Kamber serüvenlerine yer vermememiz gerekirdi.

Bunlar dahi aşk-ı mecazi içinde ele alınır. Aşk-ı hakiki ise Allah'ı sevmektir.

Allah'ı sevmek ise, Allah'a asker olmaktır. Kumandana itaat ettiğimiz kadar Allah'a itaat etsek kurtuluruz.

Allah'a asker olmak: Kur'an, hadis ve içtihatlara tabi olmaktır, İslâm'ı bir bütün olarak ele alıp, sırat-ı müstakimde yaşamaktır.

İslâmiyet'i yaşamıyanın, Allah sevgisinden söz edilemez.

İslâmiyet'i yeteri kadar yaşayamamak başka, yaşamak istememek daha başkadır.

İslâmiyet'i yaşıyamıyanın ıstırabı, iman alametidir, nefiste levvame makamına yükselmektir.

İslâmiyet'i yaşamak istemeyen ise, yaşadığı hayatın adamıdır. Onların aşkı kediler seviyesindedir.

Evlilik hayatında ne Leyla ile Mecnun'un, ne de sokaklarda, parklarda birbirlerine sarılan seksüellerin hayatı vardır. Nikahlanan karı-koca birbirini tamamladığı müddetçe güç kazanıp, hayatın yükünü kaldırabilirler.

Her milletin, her dinin, her ideolojinin "yaşam tarzı" ayrıdır. İslâmiyet'in de kendine has bir hayat tarzı vardır. Bu tarz dünyayı ve ahireti cennet etmeye yöneliktir. Öyle ise Müslüman eşlerin her biri İslâm'ı yaşamakta bütünleşecek.

Asr-ı saadette Mekke'den Medine'ye hicret eden erkekler... 27 sefere çıkan erkekler... İslâmiyet'i öğrenip yaşayan erkekler ve çoluk çocuğunun geçimini temin eden erkekler, gösteriyor ki, İslâmiyet'e erkeğin yükü daha ağırdır. Yine Müslüman erkek, gerektiğinde malını, canını, dinini, neslini, namusunu koruma uğruna canını feda etmek zorundadır. Bu beş şeyin muhafazası farzdır, bunları korurken ölen kadın olsun, erkek olsun şehittir.

Erkeğin cinsi hayatı, kadınlardan daha şiddetlidir. Bunun için bir kızı sevip de sevgisini gizli tutana Peygamberimiz dua etmiştir.

Bu gibi aşk-ı mecaziye düşenler, en kısa zamanda aşk-ı hakikiye geçip, Allah'ı sevip, O'na itaat etmelidir.

Bugün İslâm'ı yaşayan kadınları, babaları, ağabeyleri, kocaları korumaktadır. Fakat günahların sel gibi aktığı yirminci asırda dindar erkeği koruyacak yoktur. Bunun için dindar erkeğin aşk-ı hakikiye ihtiyacı büyüktür.

Pekçok dindar erkek, dinine hizmet ederken, karısından aynı desteği göremez. Kadın ne kadar dindar olursa olsun, erkeğin hizmet dozajını azaltır. Bazı kadınlar da bir kısım ibadetlerde ileri giderken, pek çoğunda geri kalıp, erkeğini ifrat veya tefrite sürükler.

Amma bir kısım dindar hanımların, kocalarından daha ileride olduğu hatta, kocalarını dindar ettiği görülen şeylerdendir.

Gerçekten dindar olan erkeğe yardımcı olan kadın, mübarek ve azizdir. İşte o zaman birbirini tamamlayıp güç kazanırlar. İslâmda kadın, erkek üstünlüğü yoktur, kadının da kendine göre ağır yükleri ve dinî vazifeleri vardır.

Evet, gerçek mânâda İslâmî hayatı yaşayanlar, bugünkü hayata isyan etmiş gibidir. Bu isyanın ağırlığı her yönde kendini gösterir. Müslüman, bitmez çilelerin sahibi iken, İslâm'ı yaşamanın saadetine erer.

Yollar boşaldı artık yolcular buldu vaha
Yolcular gitmese de yollar gider Allah'a

Ömer Okçu

Psikoloji ve din

Yunanca'da psykhe, ruh; logos da bilgi demektir. Bunların ikisi bir araya gelince ruh bilgisi oluyor.

Bilindiği gibi Roma imparatorluğu dördüncü asırda Doğu Roma, Batı Roma diye ikiye ayrıldı. Doğu Roma'ya daha sonra Bizans İmparatorluğu dendi, bu da Osmanlı Devleti tarafından ortadan kaldırıldı.

On yedinci asırda başlayan Avrupa medeniyeti, Roma ve Atina'ya istinat eder. Yunanlılar felsefe yönünden zengin gösterilmiştir. Halbuki Orta Asya, Çin, Hint, Mezopotamya, Anadolu, Mısır, İran uygarlıkları Avrupa'dan çok ilerde idi. Sanayi devrimini başaran Avrupa, ezdiği insanlara kendini büyük gösterdi. Böylece Asya unutuldu, Avrupa gündeme geldi.

Bunun için İsra Suresi'nin 85. Ayeti üzerinde yeterli çalışma yapılmadı, geçim derdine düşen insanlar, kendi ruhunu incelemeye fırsat bulamadı. Neticede Yunanca olan psikolojiyi Müslümanlar yıllaryılı okudu, öğrendi, sınıf geçti. Tahsilsiz Müslümanlar da, Atina ve Roma medeniyetini ezberliyen insanlardan, İslâmiyet adına birşeyler bekleyip, durdular.

"Kendini bilen Rab'bini bilir" gerçeği karşısında Müslümanlar psikolojiden, sosyolojiden, anatomiden ne kadar haberdar olabildi? Bu bilim dallarını Allah adına okuyamıyan Müslümanlar materyalizmi (tabiatçılığı, doğacılığı) ne kadar önleyebildi?

Allah'ın yarattıklarını, Allah adına incelemeyip (Allah adına okumayıp da) neyin adına okuyacağız? Alak Suresi'nin ikinci ayetinde neden çocuğun teşekkülünden (embriyon safhalarından) bahsediliyor?

Dedik ya geçim derdine düşen Müslümanlar, materyalistlere teslim olunca, kendi ruhunu inkar eden psikoloji öğretmenlerinin elinde kaldılar. Bunlar, psikolojinin Yunanca'daki mânâsını da bir yana bırakıp "insan ve hayvan davranışlarının bilimi" olarak tarif ettiler. Böylece insanı biyolojik varlık olarak ele alıp, insanın, insanlık yönünü görmemezlikten geldiler. İnsanlıktan çıkan insanlar da terörist, anarşist, ayyaş, kumarbaz, şu, bu oldular. İnsan olamazlardı, çünkü onlara insanlığı öğreten yoktu.

Materyalizmden ve spireitualizmden uzak kalıp, bilimlere bilim adına bakan ecnebi ilim adamları, psikolojiyi, "Ruhun yaptığı işleri inceleyen bilim dalı" diye tarif ettiler.

Ruhun varlığı kabul edilirse bunda iki cihet meydana çıkar. Biri insana, öbürü Yaratan'a bakar.

İnsana bakan cihet: Gerek organik kimyaya ve gerekse biyolojiye göre, insanın yapısı toprağa eşittir. Topraktan yaratılan organlarımız ruh sayesinde hayvandan farklı oluyor. Mesela dana beyniyle insan beyni yapı ve şekil bakımından birbirine çok benzer. Fakat dana beyni ilimle, teknolojiyle, tahsille meşgul olamaz. İnsandaki sınırsız kabiliyetler de ruhla izah edilir.

Yaratan'a bakan cihete gelince: Tıb dünyasında canlı organizmanın yapılmadığı, yapılamayacağı bir gerçek. Öyle ise canlı organizmayı yaratan var. Müslümanlar ilimde geri kalınca, ilimde ilerleyenler, Allah isminin yerine tabiatı, doğayı oturttular. Yani, Yaratan'ı inkar edemediler, Mevla diyecek yerde Leyla deyip, ilmin yönünü saptırdılar.

Bir gerçeği yine tekrar edeceğiz:

Fizik, kimya ve astronomiye göre herşey hareketlidir. Hareket, hayata delildir. Cansız dediğimiz cisimler atomlardan yaratıldığı için, onlarda da elektron hareketi vardır. Öyle ise taş ve demir gibi cisimler cansızdır, Fakat hayatsız değil, bunlardaki elektron hareketine kimya deliliyle enerji denir.

Allah'ın Hayat sıfatı, cansızlarda enerji, diğerlerinde can olarak tecelli eder ve kainat, bir makine gibi çalışır. İnsandaki ruh ise, mevcut medeniyetin mimarı!

Eğer bu ruh insanda olmasaydı, ilim ve teknoloji de olmazdı.

İnsanı yaratan Allah, İslâmiyeti göndermiştir. İnsanın yapısı ne kadar mükemmelse, İslâmiyet de o kadar mükemmeldir ve İslâm'a uyan Müslüman da mükemmel olur.

İslâm'a uymayan veya uyamıyan insanlar, çok şeyleri idare etti, ama kendini idare edemeyip, en yüksek makamda, en geniş imkanlar içinde berbat bir hayat yaşadı. Böylece psikoloji de gayesinden uzaklaşmış oldu veya faydalı olamadı.

Ebedi kuşatma istemem sınır
Zincirim kelepçem kopmalı bugün
Sinemde inciler hem çile, hem sır
Öyle çile var ki sefedan üstün

Ömer Okçu

Nefis üzerine düşünceler

Evvela nefsin klasik tarifinin dışına çıkıp,bizi birşeyler yapmaya zorlayan maddi ve manevi imkanlarımız diye onu tanıtırsak, kendimizi biraz daha iyi tanımış oluruz.

Dünyaya gelen çocuk istediklerini veya istemediklerini ağlamakla anlatır. İstemek veya istememek: İnsanın hayatı bu kadardır.

Yemek, içmek, uyumak gibi şeyler mecburi. Hırsta, merakta süreklilik vardır, sinsidir. Şehvet önemli bir yer tutar, kin, asabiyet reflekslere bağlı, yani bir başkası bu duyguları harekete geçirir.

"İstemek veya istememek" hayatımızı kuşatırken insan,nefs-i emmare ile işe başlar, helalla, haramı ayırmaz.

Zamanla bunları birbirinden ayırır, hakla batılı öğrenir, günahlardan rahatsız olur ki buna "Nefs-i levvame" denir. Bu makama erişen kimse kötü söz söylediğinde, yanlış iş yaptığında, harama bulaştığında kendini kınar, ayıplar.

Nefsin kademeleri mutmainne ile devam eder. Nefs-i mutmainne'ye erişen Allah'a ve Resulü'ne teslim olup, İslamiyet onu tatmin eder, başka bir şey aramaz.

Nefs-i radiye'de kul, sadece Allah'ın razı olacağı şeyleri araştırır ve onları yapar.

Elbette ki bu işlerde ilim ve ibadet ön plandadır, ayrıca ölçülü (sırat-ı müstakimde) olmak esastır.

İnsan "istemek veya istememek"le hayata başlar, isteklerini azalttıkça nefsin kademelerinde ilerler, nefs-i radiye'ye geldiğinde Allah'ın rızasından başkasını istemez.

İsteklerini azaltmayan velayet makamına ulaşamaz. Yani haramlardan uzaklaşılacak, helal istekler de azaltılacak ve bu istekler de İslâmiyet'in ve Müslümanlar'ın faydası yönünde olacak, kendisi (şahsı) için birşey istemiyecek.

Velayet makamına ermek insanın elinde değildir. Yani bir mü'min nasıl veli olunacağını bilir fakat veli olamaz, çünkü bu makam İlahi bir ikramdır.

Her mü'minin manevi rütbesi ve makamı vardır, bazısı bunun farkına varabilir.

Keramet de kulun iradesi dışında olup, o da İlahi bir ikramdır.

Sufiler nefsin kademelerini yediye kadar çıkarırsa da, yukarıda yazdığımız dört kademe, hepsini anlatmaya yeter.

"Fakirlik küfre yakındır" Hadis-i Şerif gereği, hiçbir mü'min fakirliği gaye edinemez. Bir işi çok iyi bilip, doğru ve çalışkan olan her mü'min zengin olur. Zengin olan mü'min ya Savad-ı azama ittiba edip, halk gibi yaşayacak veya malını mülkünü İslamiyet uğrunda harcıyacak.

Mevkiye, makama düşman olmak da caiz değildir, bunlar İslâm'a hizmette kullanılacak.

Dikkat edilirse nefsin kademelerinde ilerlemek enfüsi olduğu için servet ve makam bunlara mani değildir. İlimle, şuurlu ibadetle, her türlü maniyi aşar.

Denecek ki: "Milyonlarca müslüman var, bu halleri onlarda görmek zor?"

Evvela insanla hayvan arasında müşterek noktalar çok. Yapı bakımından birbirine çok benzer, ikisi de biyolojik varlıktır. Avrupalılar bunlara homo der.

İnsana üstün kabiliyetler verilmiştir, bunları isterse iyiye, isterse kötüye kullanabilir.

Kötüye kullanırsa, canavarları yok eder, kendisi canavar olur.

İyiye kullanırsa nefsin kademelerinde kemale erer.

İnsan, ilim ve sanat yönünden de hayvandan üstündür fakat bunları da iyide, kötüde kullanabilir.

İnsanla hayvanı birbirinden ayıran en önemli unsur, dindir.Zira din sahibi olan tek hayvan yok. Allah indinde din de İslâmiyet'tir.

"Müslüman" deyince bakacağız. Nefsin hangi kademesinde?.

Rahat rahat günah işlemesinden anlıyoruz ki ekserisi nefs-i emmarede.

Akıl da kullanılış şekliyle ikiye ayrılır.

Akl-ı maaş: Geçinme aklıdır ki hayvanda da, insanda da bu kadar akıl vardır.

Akl-ı maad ise; ilim, sanat, iyilik, din gibi şeylerde kendini gösterir, hayvanların bunda nasibi yoktur.

Öyle ise insan evvela biyolojideki hayvanlık vasfını insanlığa tebdil etmeye çalışacak, akl-ı maaştan, akl-ı maada geçecek, sonra nefsin kademelerinde ilerleyip, kemale erecek. Böylece "İman insanı insan eder, belki insanı sultan eder" sırrına erecek

Garabetin bu da bir nevidir ki insanlar
Arar hakikatı, bir başka yolda yürür.
Ezkazara bir gün karşılaşsalar onlar
Hakikate, hakikat de onlara tükürür.

Ömer Okçu

Kimlik arayışı

Bazı kimseler, yalnızlığın verdiği nefis muhasebesiyle, kendine sorar: "Ben kimim? ne yapmak istiyorum? Gayem, hedefim nedir" Bu, ferdin, kimlik arayışıdır.

Her insanın içinde bir süflör vardır, bir kısım sorular sorar; bazan da düşmanın söylemediğini bile söyler. Bu süflör susturulmazsa, ebedi nizamın esaslarıyla ona cevap verilirse, fert kimliğini bulur.

Her insan kendini, işyerini en güzel duruma getirebilir fakat çoluk, çocuk için aynı şeyi söyleyemeyiz. Öyle ise, ailenin kimlik arayışı yerine, saadetin bir ilim ve sanat işi olduğu bilinmeli.

Müslüman çarşıda, pazarda kapitalist kimliğiyle dolaşıp, İslâmî kimliğini de ararsa, öz benliği ile tezada düşer, hastalanabilir de...

Milli kimlikte: Tarih, ülke, kültür, karşılıklı haklar-vazifeler ve müşterek menfeatler söz konusudur.

Ecnebiler milli kimlikte bunları arar, çünkü onlardaki din; sosyal, ekonomik ve politik tesirini kaybetmiştir, halbuki hayat, bu 3 şey üzerindedir...

İslâmiyet geldiği an, bir hayat kurmuştur. Çünkü asırlardır kainat nizamını kusursuz devam ettiren Allah, İslam nizamını göndermiştir. Bu nizamın içinde herşey var!

İşte, ecnebilerin bulduğu kimlikte, bunun için bizim yerimiz yok. Onların dini dünyadan uzakken, bizim dinimiz dünyayı kucaklıyor. Bu durumda Müslüman'ın kimliğinde mutlaka İslamiyet olmalı, kıyamet de bu yüzden kopuyor.

Dini duygular zayıflayınca etnik (ırka dayalı) topluluklar ortaya çıkacaktır. Bugünkü dünyanın çilesi de budur.

Etnik kimliğin şartlarında: Müşterek bir ad, geçmişten geleceğe uzanan ırk kültürü, tarih beraberliği, yurt ve dayanışma vardır.

Etnik (ırkî) faaliyetlerde bulunan ecnebilerde de din yok.

Ermeniler gibi ırka, Yahudiler gibi Tevrat'a dayalı milletler ve devletler olabilirken, Rusya, Amerika gibi; dinleri, mezhepleri, dinsizliği, ırkları bünyesinde toplıyan milletler de, devletler de vardır.

İslâmiyet, ırkları inkar etmez, fakat herkesin İslamiyet'i öğrenmesini, yaşamasını ister ki, dünya ve ahiret saadeti de buna bağlıdır.

İslamî kimliğini bulan Müslümanlar, aynı mânâda, ümmettir, millettir, devlettir. Bu devlette her din, her mezhep mensubu bulunabileceği gibi, dinsizler de bulunabilir. Irkların, çeşitli ideoloji ve felsefe mensuplarının bulunacağı da açıktır, tarihte bunun misalleri çoktur.

Müslümanlar'ın, insanlar içinde bir ada şeklini alması caiz değildir. Ya biz, yahut onlar bizimle içiçe girecek, şuurlu Müslümanlar İslam'a ayna olacak, o aynada ecnebiler aradıklarını bulacak...

Yirminci asır gibi ilmin ve teknolojinin zirveye tırmandığı bir devirde ecnebilerin bile huzursuzluğu gösteriyor ki, onlar buldukları kimliğin sahibi değil. Biz inanıyoruz ki o kimliği şuurlu Müslümanlar taktim edecek.

Zaten ümmet-i icabet, ümmet-i davet vardır. Biz, ümmet-i icabet iken, ecnebiler ümmet-i davettir, bu davet de Müslümanlar'ın, İslamiyet'i yaşamasıyla gerçekleşecektir.

Özbeöz yurdumu sanki el almış
İlmimi, harsımı hepten sel almış
Dikenler kalmış da gülü yel almış
Cahiller türemiş, irfan kalmamış.

Ömer Okçu

Çalınmış Eşyalar Bürosu

Yaşlı, genç, kadın, erkek bir sürü insan toplanmış, kimisi

ağlıyor, kimisi şaşkın, kimisi üzgün amma hepsi birşeyler istiyor:

– Medeniyetimizi çaldılar...

– Tarihimizi yok ettiler.

– Yazımız...

– Ya dilimiz... Dilimizi kopardılar, birbirimizi anlamaz olduk.

– Dinimizi çaldılar, neye benzedik?

– Sorarım size vefa nerde?

– Ah kardeşim, hürmet ve merhamet hiç kalmadı, hepsini alıp götürdüler...

– Rahat ve huzurun yüzünü gören var mı, Allah için görenler haber versin.

Ve: "Ruhumu da çaldılar!"

– Ruhsuz insanlar, sadece yeme, içme, barınma için yaşıyanlar...

– Herşeyi bir yana bırakınız hürriyet nerde? Özgürlük dediler ona da razıyız. Bağımsızlık dediler bir sürü ipsiz yetiştirdiler. Kötü alışkanlıkların prangasına vurulanlar, özgürlük, bağımsızlık şarkıları söylüyor. Babasının ölüm yıldönümünü kokteyl partilerle kutlayanlar, memleket can verirken şarkı, türkü söyleyenler...

– Acaba Çalınmış Eşya Bürosu'nda bir şeyler var mı?

– Adaleti de aradık bulamadık, mafyaya müracaat etmekten başka çaremiz yok.

İçlerinden biri itiraz etti:

– Kardeşim suç bizde, malımıza sahip çıkmadık.

Öbürü sitem etti:

– Biliyorsun hiç bir hırsız, düşman gibi gelmedi, hepsi dostumuz, komşumuz, canımız ciğerimizdi. Nerden bilecektik ki, bizi, bizden alıp götürecekler?

Bir kabadayı bağırdı:

– Burda ağlayıp dövüneceğimize, müdür beye gidelim, acaba hırsız yakalandı mı, çalınan eşyalardan bulunan oldu mu?

Bulundu ise alıp, götürelim!

– Ayol, zaten büronun önündeyiz, bağırıp, çağırıyoruz, müdür bey bunları duymaz mı, sağır mı?

Son sözler üzerine müdür bey balkonda gözüktü. Bin bir umut ile alkış tufan koptu:

– Yaşasın müdür bey!

Müdür bey oralıklı değildi, herkese manalı manalı baktı, yediden yetmişe süzdü:

– Deli misiniz be, ne buraya toplanıp, bağırıp çağırıyorsunuz? Gidin işinizle, gücünüzle meşgul olun, çalışın, çalışın ve yine çalışın!

Herkes birbirine baktı, biri:

– Ben demedim mi, dilimizi çaldılar anlaşamıyoruz. Bakın müdür beyi anlayan bir kişi oldu mu? Biz bağırıp çağırıyor muyuz, yoksa çalınan meziyetleri mi istiyoruz? İşsizliğin tufan olduğu memlekette hangi işte çalışacağız? Acaba yerinde sayanlar yürüyor sayılır mı? Yürüyorlarsa 70 senedir neden geri kaldılar? Memleketi terör ve anarşi ateşine atan kim?

Müdürün şaşkın şaşkın bakışına bakıp:

– Görüyorsunuz, o da bizi anlamadı.

Bu söze müdür çok kızdı:

– Ne istiyorsunuz?

Biri "Adalet" diye bağırınca, müdür pencereye dönüp seslendi:

– Adalet hanım, Adalet hanım, seni istiyorlar...

Milletin diz bağları çözüldü, her biri bir yana yıkılırken biri mırıldandı:

– Ahhh, mümkün olsa da gidebilsek, zira vefayı sorsak Beyazıt'ın yanında diyecekler.

Bu feci yolculuk güzergahında
Makina sesleri insan ahında
Derinden derine başlıyor tekbir
Kaybolup giderken ufukta bir bir
Allah'u ekber, Allah'u ekber güya
Uyanık insanlar görüyor rüya.

Ömer Okçu

Bulunmuş Eşya Bürosu

40 yaşlarında, üstü başı düzgün bir adamcağız, bulunmuş Eşya Bürosu'na yaklaştı, sağa sola baktı, birşeyler aradığı belli idi. Levhayı bir daha okuyup, içeri girdi. Memura hitaben:

– Afedersiniz, ben kendimi kaybettim, acaba bulup, getiren oldu mu?

Memur, baktı baktı, anlamaya çalıştı:

– Baygınlık mı geçirdiniz?

Adamcağız bildiğini okurcasına:

– Geçen gün aynaya baktım: "Ben kimim?" diye kendi kendime sordum... Nüfus cüzdanıma itimadım kalmadı. O, beni başkasına tanıtır amma, beni tanıyan kimseye de rastlamadım. Resimlerim birbirinden çok farklı eğer canlansalar, 10 sene evvelki, bugünkünü tanımaz, bugünkü de 10 sene evvelkine selam vermez...

Memur, boş oturmaktan sıkılmıştı, yarenlik olsun diye sordu:

– İyi amma bunları niçin anlatıyorsun?

Adam, dikkatli dikkatli memurun gözlerine baktı:

– Kendimi arıyorum, ben kimim, bu hal neyin nesi?

– Otur be hemşehrim bir kahve içelim, bir sigara tüttür, boş ver...

O sandalyeye ilişirken devam etti:

– Levha asmışsınız: Bulunmuş Eşya Bürosu... Ben de kendimi kaybettim!

Doğruldu, elini, kolunu sallıyarak konuşmaya başladı:

– Nerden geldim, niçin geldim, nereye gidiyorum? Cevapsız

sorularıma kim cevap verecek, kim ruhuma ayna tutacak, kim içimdeki fırtınaları durduracak?

Memur sigarasını yaktı, dumanı havaya üfürürken, ayak ayağın üzerine atıp, koltuğuna iyice yaslandı:

– Bak hemşehrim, nerden geldiğini bilmiyorum, amma Bulunmuş Eşyalar Bürosu'na geldin. Eğer kendini arıyorsan seni, sana teslim edeyim git. Nereye gideceğini de bilmem, istersen psikiyatriye bir uğra. Bilmem ki cevapsız sorularına cevap buldun mu? Sigara yakar mısın?

– İçim yanıyor, belki bir ateş bunu söndürür amma bu değil. Beni resimlerim tanıtamaz, ne hissiz, duygusuz şeyler onlar... Beni ben bile tanıyamadım, bir alem! 40 sene, evet tam 40 sene o alemde dolaştım durdum, bazan bir bestede, bazan güftede... Bazan ibadette, bazan zikirde... Bazan tefekkürde, bazan rüyada onu yakaladım, fakat tutamadım...

Ayağa kalktı, ıstırapla şaşkınlık arasında inledi:

– Ben, ben olamadım. Ben, bana dost olamadım, ışıkla karanlık.. Bir cesetle iki ruh, iki dünya, iki insan! Ben, bana yabancıyım, kaybolan benliğim burda mı?

Memur beyin gönül tellerine bir mızrap dokunmaya başlamıştı, bir şeyler hissediyor fakat şimdiye kadar o kapıları hiç aralamamıştı... Efkar basmıştı, sigarasını derin derin çekiyor, yüzünde beliren çizgilerin arasından birşeyler görmek istiyordu. Halini anlatacak kelime bulamayınca kalendervari haykırdı:

– Valla hemşehrim herkes bir türlü!..

Adamcağız çenesini göğsüne dayadı, ellerini bağladı:

– Ben neden kendime dost olamadım? Bu zıtlıklar, bu inişler, bu yokuşlar neden? Neyi kaybettim, neyi arıyorum, ben nerdeyim?

Memur:

– Geçmiş olsun beyefendi, Allah şifa versin... Kahveni içmez misin?

Adamcağız sandalyeye oturdu, elini fincana uzatırken, sabit nazarlarla bakıyordu:

– Her zerrede bir alem! Her kelimede bin mânâ... Anlıyana... Ben kendimi anladım mı? Ağzımdan çıkan sözü kulağım işitiyor mu? Dağılmak, yok olmak istiyorum... Yoklukta varlık! Kendimi zincirlere vurmuşum, maddenin sert, haşin tavrına iteat ediyorum. Aynanın arkasından bakıyorum, ha duvar, ha o! Aynaya bakmak... Hayır, aynada gördüğüm ben, ben değilim, amma her maddede bir mânâ, bir ruh görüyorum. (Hayalete hitap edercesine):

– Ey dost, tut elimden, beni yoluna çek!

Memur önündeki kağıda birşeyler yazdı, başını kaldırmadan sordu:

Adın ne?

– Abdullah... Abdullah, Allah'ın kulu demektir. Mânâsı bilinmezse kelimeler cansızdır.

Memur işini bitirmişti ki:

– Şurayı imzala hemşehrim, dedi.

Adamcağız hiç okumadan ve bakmadan birkaç kırık çizgi çekti.

Memur kağıdı uzatırken, gereken açıklamayı da yaptı:

– Bak hemşehrim, burası Bulunmuş Eşya Bürosu... Sende geldin, kendini burda buldun,, işte bu evrakla seni,sana teslim ediyorum, tamam mı?

Bir cümle daha ilave etti:

– Sen kendini, ben de kafamı buldum...

Adamcağız kağıdı aldı, ona bakarak:

– Öyle ya: Eşya bürosunda kendimi arıyorum, ne kadar divaneyim! Böyle adama da böyle muamele gerek, gideyim... Eşya ve ben... Zaten eşyaların içinde kendimi kaybettim, eşya aramıyorum, kendimi arıyorum... Offf, korkunç bir fırtına, her taraf çamur, hava zifiri karanlık, gideyim...

Derler ki: Bal yiyemez hiç bir zaman
Kuzulara çiçek yediren çoban.

Bir Söz Dedi ki Canan...

Geometrideki doğruya kimse itiraz etmedi, lakin herkes kendi hayatını doğru bilmiş. Böylece insan sayısınca doğru ortaya çıkmış. bu sebeple filozofların didaktiği, Müslüman'ın nasihati, kâr etmez olmuş. Her filozofun kendinden evvelkini tenkit etmesi, felsefe tarihinden de doğruyu silip, atmış. Yanlışlar içinde yaşıyan insan, yanlışı sistem bilen devletle uyum sağlamış. Halbuki yanlış, doğruya giden insana vurulmuş pranga! Yanlışlar içinde yaşıyan, hiç bir zaman doğruyu ve özgürlüğü bilemez.

Akıl yanlışa teslim olunca akılsızlığı nasıl tarif edeceğiz? O zaman kelimeler, gerçeği gizleyen ilmikler...

İnsan neler neler öğrendi, bir de kendini öğrenebilse...

Keşfedilmeyen kıt'a insan!

Ne kadar mühendis var değil mi? Bir de insan mühendisliği olsa...

Nasıl ki undan çeşit çeşit yemekler, tatlılar yapılıyorsa, tekrarda da bir çeşit tatlılık vardır. Evet tekrar edersek:

Herkes resmine bakınca "bu benim" der. Nerde beynin, nerde hislerin, düşüncelerin? Ne kağıttaki, ne de aynadaki sen, sensin! Sen iç dünyanla, dış dünyanın birleştiği noktada, sonsuz kelimeler, fikirler, hayaller üreten "Ben neyim?" Bu hal ne?" bile diyemiyen bir şeysin. Hangi terazi hatalarını tarttı, hangi mikroskop günahlarını gördü ve hangi metre hayalinin boyutunu ölçtü? Keşke kendi kendinin heykeltraşı olaydın, keşke kendini insana benzeteydin...

* * *

İnsan yaşadıkça kendini hayvanat bahçesinde zannediyor. Hayat zorlaştıkça zorlaşıyor. Tahmin ederim uzletin hasreti böyle başlıyor.

Gecenin yarısında insansız şehirler ne kadar güzel!

Ve, lüzumsuz insanlar...

İnsanlar kirlendikçe çevreyi de kirletti, acaba dünya nüfusu milyarın altına inse, dünya temizlenir mi?

"Temizlik imandandır" diye yazmışlar. Hangi iman? Öküze tapan Budist, Allah'a inanan Müslüman'a efendi olursa, tekrar edeyim mi, hangi iman?

Çocukken oynadı, sonra delikanlıydı, orta yaşta koştu koştu, yaşlıyken pişmanlıkla saçını yoldu ve mezar taşına yazdılar: Bu da insandı.

* * *

Kainat kadar mükemmel olan İslamiyet'le değil ki insanı, Müslüman'ı bile ölçmek istemem. Çünkü 16 elementle binlerce çeşit canlının vücut sarayı yapılmış... 28 harfle ciltlerle kitap yazılmış... Yüzlerce ayetle, binlerce hadisle öylesine çeşitli Müslüman tipler ortaya çıkar ki, yine doğruyu aramak zorunda kalırsın...

Böylece insan diyeceğimiz birisi olmalı. Dün ona itimat edildiği gibi yarın da edilmeli. Hayat aynasına bakınca İslamiyet görülmeli... "İşte insan budur!" denmeli. O insan, hayatımızın nirengi noktalarını çizmeli. O yol, cennete çıkacağı için doğru.

O insan, sonsuz kötülükleri terk edip, sonsuz iyiliklere yönelmiş...

O insan, sınırsız kabiliyetlerini, sınırsız iyiliklere vermiş...

"Altının kıymetini sarraf bilir" demişler.

Kur'an'a perde olsa bir müslüman
Kime kafir dense şaşırır insan

Ömer Okçu

Kabuk ve öz

Herkesin resmi kendine aittir fakat hiçbir insan, resim değildir. İnsanda olan şeyleri resimde bulamayız. Bu sebeple aynalar, her zaman doğru söylemez.

Zaten insanı diğer canlılardan ayıran en büyük özellik de budur: İnsanın dış dünyasından daha geniş ve daha karışık "İç dünyası" vardır.

Her ne kadar eğitim ve öğretim dış dünyamızda ise de, içini mâmur etmeyen, dışını da mamur edemez.

Her büyük binada büyük insanlar otursaydı, işimiz kolaylaşırdı. Koltukları kamil insanlar doldursaydı kurtulmuştuk. Hiç değilse elbisesi kadar kıymetli olanlar aramızda dolaşsaydı kıymetimiz artardı.

Dış dünya ile iç dünya arasında büyük farklar, hatta tezatlar vardır. Bu tezat, en büyük anarşi iken insan, her zaman anarşiyi dışarda aramış ve yanılmıştır.

Herşeyi dışında arıyanın aklı gözüne inmiştir. Bu sebeple mikropları ve teleskopları yapan insan, günahları görmekten (hâlâ) uzaktır.

Nasıl ki iç organlardaki rahatsızlığın alametleri bazan ciltte görülürse, iç dünyamız, dışımıza aksedebilir. Durup dururken kaşlar çatılmaz. Nemli gözler dahi çok şeyi ifşa eder. Hele dökülen saçlar, kar yağmış gibi bembeyaz başlar size birşeyler fısıldamıyor mu?

"Derdimi ummana döktüm,

Asumana inledim..."

Bunlar iç dünyanın genişliğine delil mi?

Gerçekten insanların derdi bu kadar büyük mü?

Bence derdi büyük olan yok, derdini büyüten vardır. Bu da yapmacık olamaz. Çünkü:

İnsan ruh ve bedenden ibarettir. Ekseri insanlarda ruh, kafesteki kuş gibi.

Kafes kuşları iki türlüdür, bir kısmı kafeste doğmuş, büyümüş ormanların enginliğini bilemez.

Diğerleri ormanların genişliğinden, kafeslerin darlığına atılmıştır.

Kafeste yumurtasını çatlatan kuş, zaman zaman kapıyı arar, işte o an "Ah!" der.

Orman kuşu ise kafeste çıldırır, belki kendini helak eder.

İşte beden ruha kafes ise, onun sıkıntıları az çok duyulur.

Kuş kafesin üstüne konmuşsa, yani ruh bedene hakim ise o zaman şikayetler azalır, şükür çoğalır.

Kemalettin Kamu:

Geceleyin bir ses böler uykumu,
İçim ürpermeyle dolar: "Nerdesin?"
Yıllar var ki arıyorum ben onu,
Aşıkıyım beni çağıran bu sesin!

* * *

Gün olur sürüyüp beni derbeder,
Bu ses rüzgârlara karışır gider,
Gün olur peşimden yürür beraber,
Ansızın haykırır bana nerdesin?

* * *

Bütün sevgileri atıp içimden,
Varlığımı yalnız ona verdim ben!
Elverir ki bir gün bana derinden
Ta derinden, bir gün bana gel desin!

Bunu bir kadın için yazması mümkün değil.

Ebediyet duygusu... Ruhun çırpınışları... Yaratan'a hasret.

Amma bilerek mi?

Hayır!

Hayat bir yönüyle de rüyadır. Kemalettin Kamu'nun bir rüyası da böyle: Sisli camlar ardındaki sevgiliye haykırmış. Sorsalar sevgilin kimdir?

"Bilmem" diyecek, çünkü o zamanlar Mevla diyecek yerde "Leyla" diyenlerin sayısı çoktu.

Şimdi Maznun isimli romanımdan bir parçayı beraber okuyalım:

Gönlümün ufkundan haykırdılar.

– Gel!

Bütün yolları yay gibi büktüler, sonunu başa düğümlediler, bir yanda kuyuyu, ötede minareyi gösterdiler.

– Gel!

Can ve canan gibi klişeleri silip, hecelediler:

– Geeel... gel.

Sesler eriyip gitti mânâlar maddeleşti, gel kelimesi inceldi ve bitti.

Artık ona hasretim, herşeyi unutup, onu aradım. Nerde "Gel" sözü duysam, döner bakardım. Kurtların ulumasından, yılanların ıslığına kadar, her seste o derin ve lahutî mânâyı kolladım.

Kımıldayan yaprakta, söken şafakta, her grupta, her karanlıkta ona koştum.

Nihayet kıvılcımın zulmeti emdiği an yine haykırdı: Gel!

Koştum, koştum, dizlerimin bağı çözülürcesine koştum. Bir de baktım. "Gel" diyen, elleriyle git diyor.

Şaştım, kurudum, kaldım. O anda şefkat ve merhamet dile geldi:

– Kendine gel!

Heyhat, başka şeylere koşmaktan o kadar yorulmuştum ki, kendime gelecek mecalim yoktu.

Ne acı gerçek:

– Kendine gel!

Sen, hayat denizinde vücut gemisinde kaptansın, bid'at ve dalalet kayalıklarına çarpmadan cennet sahiline çıkmak zorundasın.

Kafa ve baş

İnsanın yapısı diğer yaratıklardan farklı. Evvela beynimiz problem çözebiliyor. Hafızamız kütüphane!

İnsan okuyabiliyor, dinliyor, konuşuyor.

Bu kabiliyetlerle yaratılan insana verilen vazife, başka hiçbir yaratığa verilmemiştir.

Allah, peygamberleri insanlar arasından seçerek yaratmıştır.

Peygamber herşeyiyle insan, beyin proğramı farklı.

Beynimizi bilgisayar gibi yaratan Allah, O'nun beynini peygamberliğe uygun şekilde proğramlamış...

O'nun hafızasını teyb gibi yapmış, vahyi ezberletmiş.

Gözü yaratan, bazı kullarında gözün görüş alanını genişletemez mi?

Kulağı yaratan daha başka şeyleri ona duyuramaz mı?

Sadece insanlardan peygamber yaratılmış, insanlara peygamber gönderilmiş... Çünkü insan peygamberi dinleyebilir... Peygamberinin hayatını seyreder, ibret alır. Peygamberini, diğer insanlarla mukayese edip, O'na hayran olabilir.

Hayvanlara dinleme, seyretme, ibret alma ve mukayese etme kabiliyeti verilmediği için onlara peygamber gönderilmemiş.

Şimdi peygamber yok?

Kitaplar var: Kur'an-ı Kerim, Hadis-i şerifler, siyer...

Allah, insana okuma, anlama ve anlatma kabiliyeti verdiği için ona kitap da göndermiş: Kur'an!

Hayvanlara okuma, anlama ve anlatma kabiliyeti vermediği için onlara kitap göndermemiş.

Dikkat edilirse buraya kadar insan vücudunun kafa bölümünü anlattık: Zekâ, hafıza, göz, kulak ve ağız.

Güçlü rejimlerden ikisi olan kapitalizm ve sosyalizm akla

dayanır, bunlar birbirine zıttır.

Demek ki zekâ zıt şeyleri ortaya koyabiliyor, bunların hakkaniyetini de akıl adına isbat ediyor.

Geometride "iki nokta arasında en kısa yol doğrudur" tarifi getirilir, ikinci bir doğru gösterilemez.

Pozitivizm dedikleri müsbet yani isbatlı ilim böyle iken, akıl, sosyalizmin de, kapitalizmin de doğruluğunu savunur, bugünkü iktisat fakültelerinin temeli budur.

Bu sebeple zekayı suya benzetmişler. Su, konduğu kabın şeklini ve rengini alır. Su yüzeyi düzlemdir, halbuki dünyamız küre olduğundan, her düzlem minimum düzeyde de eğridir. Öyle ise zekâ, kendiliğinden doğruyu bulamaz. Bulabilseydi peygamber gönderilmezdi.

Elbette ki zekâyı yaratan onu daha iyi bilir.

Peki, zekâ niçin yaratılmıştır?

Kitap ve peygamber gönderecek olan Allah, insana öyle bir beyin vermiş ki bu ikisini anlasın diye.

Bu ahenk her şeyde var: Akciğerle atmosferin, mideyle gıdaların, bulutla toprağın, ışıkla gözün, sesle kulağın, kokuyla burunun ve lezzetlerle dilin irtibatı vardır.

İnsanın kafasıyla da Kur'an'ın ve peygamberin irtibatı vardır.

Her hayvanın kafası var, fakat onlarınki ile bizimki arasında büyük fark olduğu için, hayvanlara kitap ve peygamber gönderilmemiş...

İnsan beyninin en mühim vazifesi, İslâmiyet'i öğrenmek anlamaktır.

Sadece Kur'an, hadis ve fıkıh mı?

Fizikteki maddeyi, kimyadaki atomu, biyolojideki canlıları, coğrafyadaki araziyi yaratan kim? Yaratılanı, yaratan adına okumayıp da kimin adına okuyacağız?

İlim, Allah'ın sıfatıdır, zıt kutuplara ayrılamaz!

Nasıl çiçeklerin hepsi güneşle beslenir fakat hepsi ayrı ayrı renklerde çiçek açarsa...

Nasıl güneşte olmayan renkleri, çiçeklerde görmek mümkün ise...

Nasıl dikenli çiçekler de varsa...

Allah, sonsuz ilimden kullarına bir parça vermiş, insanlar bu ilmi hayra da, şerre de kullanabilir.

Harf harf yağdı ilim üzerimizden.

Kimimiz gül olduk, kimimiz diken.

"Kafasız" tabiri vardır amma kafasız insan olmaz.

Kafamızı yaratılış gayesinin dışında kullanırsak kafasız oluruz.

Elbette ki kafasız insanlar başsız kalacak!

"Bıçak soksan gölgeme
Sıcacık kanım damlar.
Gir de bir bak ülkeme
Başsız başsız adamlar."

Kafasız insanların, başsız dünyası. "Hiç olmazsa soğan başı ol" demişler, göz yaşartmaktan başka neye yarar?

İnsan kendisine verilen kabiliyetleri, verenin isteği doğrultusunda kullanmazsa ne kadar nankördür. Bu cinayet cezasız kalır mı?

Sabır gönüllerde yatan bir bıçak
Dayandıkça yavaş yavaş batacak
Ömer Okçu

İnsanın insana tesiri

İnsanlar mükemmel yaratıktır; Allah, kullarına sınırsız kabiliyetler vermiştir. fakat bir avuç insan, insanların ekserisini mükemmellik makamından indiriyor, onları aşağılıyor; kabiliyetlerini de köreltiyor veya kötüye kullandırıyor. Büyük bilinenlerin çoğu, insanların insaniyetini törpüleyerek o noktaya varmıştır.

Lenin, Mao, Hitler gibi kimseler, kan, ceset, barut ve ezilmiş insanların üzerinde yükselmiş, ne yazık ki pek çok insan da bunlara büyük diyebilmiştir.

Tarihe baktığımızda devlet adamlarından çoğu, halka fazilet adına bir şey vermediği gibi rezaleti de yaygın hale getirmiştir. Tuhaf değil mi, bunları alkışlayanlar da çıkmıştır.

Bozulma umumi olunca, kolayca kabul görür. Akıllarından çok hisleriyle hareket edip, zevkine ve menfeatine tabi olanlar, aklıyla hareket edenlere deli diyebilirler. Cemiyet bu kadar tersine dönünce, böylesine cemiyete elbette tersine dönmüş liderler gerek.

Bu noktaya gelince peygamberleri, velileri ve İslâm âlimlerini hatırlamamak mümkün değil. Bunlar kendilerine mevki, makam edinme yerine; insana mükemmelliğini hatırlatmaya çalışmış; onları her türlü kötülükten vazgeçirip her türlü iyiliğe sevk etmişlerdir. Faziletli insanlar peygamberlerin, velilerin ve İslâm âlimlerinin etrafında yetişmiştir. Zevkini ve menfeatini helal dairede arıyan, haramı ateşe benzeten bu üstün insanları sadece İslâm çizgisi üzerinde görebiliriz.

Aynı çizgi üzerinde etiket Müslümanlarını da görebiliriz amma şurası hiçbir zaman unutulmamalı ki herşey zıddıyla bilinir.

Aklını kullanıp, ibret alan, tecrübelerine dayanarak fazilet noktasına ulaşan ecnebiler de olabilir.

Amma İslâmiyet, insanlık tarihi boyunca iyiliklerin bütününü bünyesinde toplamış, iyi insanlar yetiştirmiştir. Bu iyilik kitaplarla, şuurlu Müslümanlarla dalga dalga dünyanın dört bucağına yayılmıştır.

Yine ne yazık ki pek çok zalim yönetici, hayatı boyunca mevkisini koruyup, alkış toplarken, pek çok peygamber, veli ve İslâm âlimi de çilelerden çile beğenmek zorunda kalmıştır.

Vicdan, kalb, insaf, merhamet, hürmet ve saygı insandan uzaklaşırsa bilmem ki geriye gözyaşından başka ne kalır?

Anlamadım zaman nedir, mekan ne?
Neden başım böyle deli, divane?

Ömer Okçu

Akıllıların akılsızlığı

Doğmatizm, rasyonalizm, naturalizm vesaire. Evet: "Bilgi doğuştandır" diyenler, su gibi birşeyden canlıları yaratan; insana verdiği beyinle yirminci asır medeniyetini hazırlayanı; anlıyamamış.

"Bilgi aklın ürünüdür" diyenler, bilgileriyle hayatlarını zindan etmiş.

Akıl, bilgiye talip değilse, neye yarar; bilgi dünyayı cennet etmiyorsa niçin vardır?

Çizgiler birbirine çok yaklaşmış; Hıristiyanla Müslüman, dinliyle dinsiz, cahille alim, beraber yaşamaya başlamış. Böylece bilgi alış verişi doğup, hıristiyan'da İslâmî hali, Müslüman'da da Hıristiyan âdetini görmek mümkün.

Hal böyle olunca vahye ait bilgi, Mecusi'de de görülebilir.

Ateistte (inançsızda) ayet ve hadis meallerini bulmak, çizgilerin yakınlaşmasındandır.

Sıcak demirle soğuk demir yanyana getirilse, biri sıcaklığından, diğeri soğukluğundan kaybeder. Günümüzdeki fikir karmaşasının sebebi budur.

Akıl suya benzer bulunduğu kabın rengini ve şeklini alır. Bunun için Hegel, Feurebach,Nietsche, J. Paul Sartre, Heidegger, Freud ve Durkheim gibi akıllılar, sahip oldukları geniş bilgiyle dinsizliği (ateizmi) mantık ölçüleriyle izah ve isbat ederken, kafasını vestiyer gibi çalıştıran pek çok Müslüman da, bunlara aldanmıştır.

Aklını, İslâmiyet'i anlamak için kullanmıyan Müslümanlar, İslâmiyet'ten başka herşeye hizmet edebilir.

Aklı verene akılla isyan etmek felsefi cereyanlardan birkaçını içine alabilir.

Akılsız ilim olmıyacağı gibi, ilimsiz akıl da bir şeye yaramaz.

Bu gerçeği yakalayan Avrupa, tercümelerle, denemelerle bilgisini artırırken, teknolojiyle de bunu, paraya döndürdü.

Sermayenin büyüklüğü ölçüsünde büyük devletler doğarken "Allah-u ekber"in mânâsı anlaşılmadığından, büyükler birbirini yiyerek küçüldü.

Sanki Müslümanlar süper güç olamayınca, süper güçler dağıtıldı ki, Müslümanlar nefes alsın.

Zaten onların büyüklüğü, Müslümanların küçüklüğündendi.

Çünkü ilim ve teknikle süper güç olanlar "ahlâk"tan habersizdi. Ahlâksız medeniyet ise, kendi kendini yemekten ileri gidemez.

Ateistlerin, teistlerden daha gayretli olduğuna bakarak, imanı müsbet ve menfi diye iki kısımda ele alabiliriz. Herkes anlıyabildiğine inanınca, her iki iman da kendi bünyesinde pek çok merhalelere sahiptir. Bunlar bir nevi mânevî rütbelerdir.

İslâmiyet güneşini aynadan seyredenler, güneşi değil, onun huzmesini bilir, bildiğine inanırsa bugünkü hallere düşmemizin sebebi kolayca anlaşılır.

İslâmî ilimlerle kâinat ve akıl üçlüsünden hakikat tecelli eder.

İslâmiyet'i böyle anlayıp, anlatmıyan alimler olmadıkça, akıllıların akılsızlığına her zaman Müslümanlar kurban olacaktır.

Durmadan nefes alıp veriyoruz, defalarca yeyip, içiyoruz... Demek ki çok lüzumlu şeyler, çok tekrar edilir. Bu kitaptaki tekrarlara da lütfen o gözle bakınız.

Bilginin İslamileştirilmesi

"Bilgi" deyince akla insan gelir, insandan başkası, insan gibi bilgi edinemez.

İnsanlarda bilgi edinen uzuv (organ) da beyindir.

Nasıl ki göz için ışık, burun için koku, kulak için ses, dil için lezzet yaratılmışsa beyin için de bilgi yaratılmıştır.

Zaten yaratılan şeyleri biliyoruz, yaratılmamış şeyleri bilmemize imkan yok. Öyle ise beyni yaratan Allah, beynin öğreneceği bilgileri de yaratmıştır. Bu durumda: Bilgi zaten İslamidir fakat bir tarafta Müslümanların bilgiye sahip çıkmamaları, öte yanda bir kısım kimselerin insan beynini (eğitim ve öğretim vasıtasıyla) bilginin çöplüğü haline çevirmesi sonucu, şimdi soruluyor. "Bilgiyi İslamileştirmek mümkün mü?"

Meseleyi bir başka açıdan ele alırsak İlim, Allah'ın sıfatıdır.

Allah, hem hiçbir mahluka vermediği bir beyni kullarına vermiş, hem de sonsuz ilminden bizlere bir parça lütfetmiş. Bunun için metafizik gibi, bilimlerin bütünü sınırlıdır.

Fizik maddeyi anlatır, "Madde nasıl meydana gelmiştir?" sorusu metadır, yani fiziği aşar.

Kimya, atomdan başlar, "Atomu yaratan, çekirdeği ve elektronları tertip ve tanzim eder, bunlara hareket veren kimdir?" sorusu, metakimyayı ortaya kor.

Biyolojinin, coğrafyanın; Hatta tarihin meta yönü vardır. Çünkü Allah, sonsuz ilminden bize bir parça vermiştir. Bilim, her şeyi bilmek olmadığı gibi, insan beyni de sınırlı bilgi edinebilir.

Alak suresinde: "Oku, seni yaratan Rabbi'nin adına..." buyuruluyor. Zaten Kur'an "kelamullah" olduğu için Allah adına okunur. Burada önemli olan fizik, kimya, biyoloji, coğrafya, edebiyat gibi bilimlerin de Allah adına okunmasıdır.

Müslümanlar bu sırrı kaybedince, bir kısım insanlar bilimi, tabiat (doğa) adına okutup, Fransa'nın milli felsefesi olan naturizmi Müslüman çocuklarına öğretmiş.

Halbuki tabiatı da, tabiat kanunlarını da yaratan Allah'tır. Suyu kim yarattı ise, suyun kaldırma kanununu koyan yine O'dur. Elektriği yaratan elektrikle ilgili kanunları koymuş, bilim adamları da bulmuştur.

Bir kısım insanlar bilginin (ilmin) yönünü saptırabilir, ilmi dalalete gidebilirler, fakat Kur'an ilminin doğru hedeflerini gösteriyor.

Öyle ise Mü'min, Kur'an'ın nuruyla beyin çöplüğünü aydınlatmalı, hakla batılı birbirinden ayrılmalı, batılı hakka tebdil etmeli. Mesela fizikte Levazye kanunu vardır? "Hiçbir şey yok edilemez, hiçbir şey de yoktan var edilemez" ibaresininin sonuna "Allah müstesna" denirse bu kanun din dışı yorumlanamaz. çünkü Allah, yoktan var ettiği gibi, varı da yok etmektedir. Yüz sene evvel hiçbirimiz yoktuk var olduk; yüz sene sonra da hiçbirimiz olmayacağız.

İslami eğitimde inkâr olmayacak. İslâm'da haram aranır, materyalizm, naturizm gibi maddeyi veya tabiatı putlaştırmaktan vazgeçilir. Allah inancına zarar gelmeyecek şekilde eğitim ve öğretim yapılırsa buna "İslâmî eğitim" denir.

Pozitivizm yani isbatçılık İslamiyet'te vardır. Allah, kendi sıfatlarını ve hakimiyetini anlatmak için Kur'an-ı Kerim'de yerlerden, göklerden ve benzeri yaratıklardan bahseder. Amma isbat edilemiyen şeyler de inkar edilemez. Psikoloji ruhun yaptığı şeyleri anlatır, fakat ruhu anlatamaz, ruhun ne olduğunu bilemezse, bunu inkar etmesi gerekmez.

Elektriğin de, mıknatıslanmanın da mahiyeti halen bilinmiyor, çünkü insana verilen bilgi (ilim) sınırlıdır. Bu sebeple bilmemek inkarı gerektirmez. Herşeyi Yaratan, her şeyi bilir. İnsan bir yaratıktır, nasıl yaratılmışsa onun mahiyeti de bilgisi de o kadardır.

İslami öğretim ve eğitimde yaratıkla yaratan ayrı ayrı bilinmeli, yaratıklara ilahlık verilmemeli, yaratan da inkar edilmemeli.

Batı'nın ilmi, Doğu'nun ilmi...

Hıristiyan ilmi, İslam ilmi...

Camideki ilim, okuldaki ilim...

Ateist (inkarcı) ilim, teist (inançlı) ilim olamaz! İlim bir bütündür, o da Allah'ın sıfatıdır, inkar ve dalalet (sapıklık) olmadı mı, her ilim, her fen islamidir.

Allah'ın yarattığı şeyleri öğrenmek ibadettir. Fizik, kimya, coğrafya, biyoloji Allah'ın yarattığı şeyleri anlatmıyor mu?

Kur'an'ı gönderen Allah, kainatı yaratmış. Bunlar birbirini şerh ve izah eder. Kur'an, kâinat ve insan beyni bir bütün olarak ele alınmalı, bunlardan biri aradan çıkarsa diğerleri anlaşılamaz.

Neticede şunu söyleyebiliriz. Allah inkâr edilmezse, yeni yeni ilahlar icat edilmezse, haram-helal ayırımı yapılırsa her eğitim ve öğretim İslamidir.

Sapıtmasın bir insan, bir sapıtırsa eğer
Onu ıslah edemez ne kanun, ne peygamber.
Çünkü peygamberleri şeytan diyerek taşlar
Şeytanları da peygamber diye alkışlar.

Ömer Okçu

Şeytan zararlı mı?

İstanbul'un fethinden önce 1315'te yapılmış bir camiye yatsı namazı için gittiğimde, Hoca Efendi, meali açmış Nahl Suresi'nin 97. âyetinden başlamış okuyordu:

"Kadın olsun, erkek olsun her kim inanmış olarak iyi amel işlerse, ona hoş bir hayat yaşatacağız. Mükafatlarını umduklarından daha güzel vereceğiz. Bunun için Kur'an okuyacağın zaman, kovulmuş şeytandan Allah'a sığın. Doğrusu inananlar ve Rab'lerine güvenenlere şeytanın tesiri, fesadı yoktur. O'nun tesiri, onu dost edinenler ve Allah'a şirk koşanlar üzerindedir."

Hoca Efendi "El Fatiha!" dedi, meali kapatıp, namaza kalktı.

Cemaatin bu ayetlerden yeteri kadar faydalandığını zannetmiyorum. Evvela iyi amel işleyenlerin hoş bir hayat yaşayacağı bildiriliyor. Burdaki "amel"den kasıt, namaz kılan bir kimsenin, helal iş yapması, İslâm'a uygun yaşamasıdır. İslâm'a uygun yaşıyanların dünya ve ahireti cennet olur. Halbuki pek çok Müslüman cehennem hayatı yaşıyor. Bunun sebebi, namaz kılan Müslümanların da, İslâm'ı yaşamadığı veya sırat-ı müstakimde bulunamadığıdır. Her Müslüman ebedi saadeti (cenneti) ister amma, evvela dünyamızı cennet etmek zorundayız. Çünkü Rahman ve Rahim olan Allah, cennet gibi bu dünyayı, başımıza cehennem etmiyelim diye İslâmiyet'i göndermiştir. Haramları terk etmek, farzları yapmak, dünyayı cennet etmeye yeter. gücümüz yettiği kadar, sünnetleri de eda edeceğiz... Bunları yaparken ifrat ve tefritten sakınmak, sırat-ı müstakimde bulunmak gerek.

Ayet-i kerime, "Kur'an okuyacağın zaman kovulmuş şeytandan Allah'a sığın" buyuruyor... Yani "Kur'an-ı Kerim'i sadece okumakla kalma, yaşa" emrediliyor. Ya Kur'an'a uyacağız, ya şeytana...

Müteakip ayette de, "Doğrusu inananlar, Rab'lerine güvenenler üzerinde şeytanın bir tesiri yok" buyurulmaktadır.

Her ayet çok önemlidir, bu ayet ise daha başka önem taşımaktadır. Yani İslâmiyet'i öğrenen, anlayan,. yaşayanlara, şeytan zarar veremez. Bir müslüman, İslâmiyet'i yaşamadığı ölçüde şeytanla arkadaş olur.

Hicr Sûresi'nin 40 ve 42. âyetlerinde, Sad Suresi'nin 83. âyetinde aynı hakikat belirtilmektedir.

Kedi fareyi nasıl beklerse, şeytan da mü'mini öyle bekler. Ne zaman sünnet-i seniyye dışına çıksa, şeytan pençesini hemen vurur ve avlar. Mesela halvet haramdır. Bir kızla bir delikanlı, evde, kırda yalnız kalmamalı, mutlaka yanlarında üçüncü bir şahıs olmalı. Mü'min bu harama riayet etmezse, çağdaşların "aşk", dinin "zina" dediği hale kadar yol açılır. Bu yüzden pek çok Müslüman kız perişan olmaktadır.

Müslüman sünnet-i seniyye kalesine girerse kurtulur.

Allah, ateşi yaratmış ki yemeğimizi pişirelim, ısınalım diye. Eğer elimizi ateşe sokarsak, hizmetçimizi kendimize düşman ederiz, ateş, bizi yakar.

Şeytan da ateşten yaratılmış. O'nun yaratılmasındaki sebep, İslâm'a uymamız içindir. İslâm'ı yaşıyanlara şeytanın zarar veremeyeceği ayetlerle sabittir. İslâm'ı yaşamıyan, İslâm'a uymayan, şeytana uymuş demektir. Öyle ise euzu besmele çeken mü'min, kötü kimseyle arkadaş olmamalı. İçkili lokantaya gitmemeli, karşı cinsten arkadaş edinmemeli, kahveye adımını atmamalı, yalan söylememeli. Böylece şeytandan uzaklaşmış olur.

Yukarıda şeytanı ateşe benzettik, bir de içkiden misal verelim. Alkol içilmese, zararı yoktur, hatta bir sürü faydası vardır. Raflarda duran içkilerin insana zararı olmaz. Ne zaman ki, insan içki içerse, o zaman zararlı olur.

Aynı şekilde mü'min şeytana uymazsa, şeytanın zararı olmaz. Mü'min şeytana uydu mu, dünya ve ahireti cehennem olabilir.

Şeytana uymak ne demek?

Her harama giriş, her farzı terk ediş, şeytana uymaktır. Müslümanlar içki, kumar, zina gibi birkaç haramı terk etse, namaz, oruç gibi birkaç farzı yerine getirseler, bambaşka bir millet oluruz. Bu kadarcık haramları ve farzları da bilmeyen yok.

Yazımızın başında dedik ki 1315'te yapılmış bir camide meal okuyan bir Hoca Efendi'yi dinledim.

Evvela mealler halka değil, ilmi olanlara faydalıdır. Tolstoy İncil'i okuyup, bitirdikten sonra "Yıllar boyu buna mı inandım?" diye, başını İncil'in sahifelerine gömüp, hüngür hüngür ağlamış. Bir zamanlar papaz olmak isteyen Tolstoy, bu tarihten itibaren dinsizdir. Kafkaslar'da müslümanların içinde dolaşmış, onlarda da aradığı hakikatı bulamamış.

Mealler de pek çok Mü'minin inancını sarsabilir. Çünkü ayetlerin her biri, bir kanundur. Nasıl ki fizikteki kanunları yazıp birisine versek, birşey anlamazsa, meallerden de fazla birşey anlaşılmayabilir. Fizik kanunlarının izahı yapıldığı, öğretmenden öğrenildiği gibi, Kur'an da tefsirlerle öğrenilebilir, hocaya da ihtiyaç vardır.

Meal okuyan, okuduğunu anlamamış, anlatamayan kimselerden İslâmiyet öğrenilemez...

Osman Gazi zamanındaki Müslümanlar devlet kuruyordu.

Altıncı Mehmet zamanındaki Müslümanlar ise devlet yıkıyordu. İslâmiyet aynı, değişme Müslümanlarda idi. Osman Gazi zamanındaki Müslümanlar İslâm'ı öğrenmiş, anlamış ve yaşıyordu. Altıncı Mehmet zamanındaki Müslümanlar, İslâm'ı biliyordu fakat anlamamıştı ve yaşamıyordu (istisnalar kaideyi bozmaz). Fransızlar gibi yaşıyanların, Müslümanlar gibi mesut olması mümkün değil. Tarih şahittir ki biz ne zaman İslâm'ı yaşamışsak, süper güç olmuşuz... Ne zaman da İslâm'ı yaşamamışsak düşmanın ayağının altına düşmüşüz. 1991 Körfez krizini bu açıdan değerlendirmek lazım.

Müslüman, mermer hükmündeki benliğini yontarak insana benzetmeye çalışan bir sanatkardır.

O adam

Odasına girdim "Edep Yahu!" levhası dikkatimi çekti.

Göster İlahi bu millet kurtulur tek mucize
Bir utanma hissi ver gaip hazinenden bize

Beytini okuyup "Akif"in zamanındaki Osmanlılar da..." deyince sözümü kesti:

– Selam, sabahı unuttun, amma öyle şeyler söyledin ki selam kadar makbul oldu.

Gösterdiği mindere oturdum:

– Ağaç kurudu amma bu levhalar, bu sözler filizi yeşil tuttu, diye devam etti.

– Edep hakkında bana bir ders verir misin? dedim.

– Estağfurullah, deyip, kendini topladı.

– Sana değil de nefsime bir şeyler anlatayım. Sen de dinle. ders değil sohbet edelim. Dost ile sohbet, dertlere şifadır.

Anlatmaya başladı:

– İlk çocuğum dünyaya geldiğinde annesine dedim ki: "Bu çocuğu bana külotsuz göstermeyeceksin" Edep işte...

Kadıncağız şaşırdı:

– El kadar çocuk külot giyer mi?

– Sözü uzatmıyalım, çocuklarımı hep tesettürlü gördüm.

– Yıkanırken nasıl yapıyordunuz? diye sordum.

– Külot giydirir, son durumda da başımı yana çevirebilirdim.

Tebessüm edip, bir başka hatırasına geçti:

– Birgün hanım dedi ki: "Komşular senden şikayetçi, kadınların yüzüne bakmıyormuşsun..." Ben de dedim ki: Hanım ye iç de şükret, zira onların yüzüne baksaydım, belki senin yüzüne bakmazdım. Hanım çok kızdı: "Yani senin kalbin hâlâ fitne, fesat mı dolu?"

Elini dizine vurup, acı acı güldü:

– Bunlar sanıyor ki bizim nefsimiz yok. Yani aklımıza kadın, gazino, piknik gelmiyor zannediyorlar. Bizim de günahlara meylimiz var, onlarla hâlâ mücadele ediyoruz. O mücadele bitti mi "insanlık hali"miz biter, tekamül de, tedenni de kaybolur, bitkisel bir hayata gireriz.

– İnsan bitki gibi olabilir mi?

– Olmaz, misal diye söyledim. Her zaman içimde iki ses var, biri kötülüğü, biri iyiliği söylüyor. Kendimi o kadar cılız hissediyorum ki en ufak bir olayda bozuluyorum, Allah'a sığınıyorum. "Ya Rab, beni korumaya devam et" diye yalvarıyorum. Allah, bizi hem İslâmiyet'le koruyor, hem de felaketlerden...

– Allah, bizim her halimizi biliyor ve görüyor. O'na karşı nasıl edepli olabiliriz?

Dizlerinin üzerinde doğruldu, gözleri büyümüştü, parmağını uzatarak:

– Haram işlemek, günaha girmek, Huzur-u İlâhi'de edepsizliktir.

– Efendim günahların sel gibi aktığı bir alemde yaşıyoruz, televizyonlar, radyolar, gazeteler, sokaklar... Bunlara bankaları, çarşıları, komşuları da ilave etti mi halimiz perişan Huzur-u İlahi'de edebi nasıl muhafaza edebiliriz?

– Haramı, helalı birbirinden ayırmak çok önemlidir. Hakla bâtılı karıştırmamak gerek! Şu hal, İslâmî hüviyeti korur. Her zaman helaldan, haktan yana olmalı...

– Giyimde, yemede, sohbette ve iş hayatında edeb'in yeri nedir?

– Sünnet-i seniyye edeptir, o da hayatın bütününü kuşatır. Yani bir Müslümanın her sözü ve her hareketi İslâm'a uygun olmalı.

– Bu durumda sadece sizin huzurunuzda iken edebli olma değil, her zaman ve her yerde edebli olmak gerekir.

Güldü:

– İnsanların yanında edepli olup, yalnız iken edepsiz olmak, yani haramlara girip, günah işlemek çok tehlikelidir. Çünkü böyle bir kimse Rabbi'ne göre değil, insanlara göre hayatını tanzim ediyor demektir. Rab, mürebbi, terbiye aynı köktendir. Her insanın terbiyesi, onun rabbını da gösterir.

Sanki manevi dünyamda cerrahi bir operasyon yaptı ve ruhumu bir daha kurtardı, abat etti.

Alın, dünyalar sizin olsun alın
Türbeler söyleyin sermayenizi
Orada toprağa dokunan alın,
Burada karınca içer denizi.

Ömer Okçu

Faziletin ilmi

Yataktan kalkacak hali yoktu, eşinin getirdiği hoşaf suyunu içip, başını yastığa koydu.

Yenge Hanım, tası bir tarafa bırakıp, kocasının üzerini güzelce örttü, yorganın yanlarını bastırdı ve odadan çıktı. Arkadaşım:

– Allah, beni bundan sonraya bırakmasın, dedi.

Bu sözü duyunca çok duygulandım, bu adam, hanımından evvel ölmek istiyordu, hanımsız günlerin zor olacağına inanmıştı.

Birden bire hayalim kırk sene evveline kaydı, Üniversiteyi bitirmişti, lisan öğreniyordu, temiz giyer, güzel gezer, büyük adam olmak azmindeydi. Bunun için tahsilli bir kızla evlenmişti. Fakat evliliğin ilk aylarında "idealindeki eşi" bulamadığını anlamış, ayrılmanın çarelerine bakmıştı.

– Beni temsil edemiyor, diyordu.

Kendisine iyi bir yardımcı bulamamıştı.

İstiyordu ki, toplantıların hakimi olsun, yazdıkları okunsun, konuştukları dinlensin...

Beş yıldızlı otellerde kalsın, birinci sınıf lokantalarda yemek yesin ve büyük insanlarla buluşsun, konuşsun...

Hanımının ayak bağı olduğunu anlamıştı...

Bu bağdan kurtulmak kanunen zordu. Erkek boşanmaya kalksa yıllar sürüyordu, kadın isterse bir kaç ayda boşanıyordu. Bu sebeple eşine soğuk davranıp, ondan uzak kalmaya çalışıyordu.

– Dünyalarımız ayrı, diyordu, o bir ev hanımı, ben ise meydanların, salonların, kürsülerin adamıyım, onunla yapamam deyip, karısının evi terk edeceği günleri dört gözle bekliyordu.

Bir gün yorgun argın eve dönüp, sedire uzanmıştı. Eşinin üzerine battaniye örttüğünü anlayıp, gözlerini açmadan, içine sıcak bir şeyin aktığını hissetti.

Doğmasını istemediği çocuğu da dünya geldi. Amma kadıncağızın iki çocuğu oldu, biri kocası, diğeri bu.

Evet çocuğuna bakar gibi kocasına bakardı. Onun ayakkabısını boyar, düğmelerini kontrol eder "Aman yavaş iç, ayran soğuktur" derdi.

Her zaman kocasından evvel kalkar, kahvaltısını hazırlar, sanki kendisine soğuk davranan bu adam değilmiş gibi, kıravatını düzeltir: "Saçlarını taramamışsın, tıraş olmayacak mısın?" diye sorar, o da yarım ağızla "Berberde" der giderdi.

Hayatın acı gerçekleri, uçara giden arkadaşımı yere indirdi, onu genel müdürlükte çiviledi. Artık hanımından başkasının kendisine yar olmayacağını anlamış, bu sefer işinden evine, evinden işine giden birisi olmuştu.

Kırk sene evvel boşanmanın yollarını arayana arkadaşım, şimdi "Allah beni eşimden geriye bırakmasın" diye dua ediyordu.

Anladım ki kocasına köle olan kadın, kocasını köle etmişti.

İnsanda çocukluk hali bitmediği için, bir ömür boyu anasını sever. Çünkü anası ona karşılıksız hizmet eder.

Kocasına hizmet eden kadın, aynı sevginin tahtına oturur. Ne kadar erkek bilirim ki çocuğunu kıskanır: "Bizimki çocuğa bakmaktan, bize baktığı yok" diye şikayet eder.

Aileyi ayakta tutan sevgi, saygı ve hürmettir. Zaten Müslüman merhametli olur.

Eğer bu meziyetler yoksa güzellik ve servet her derde derman değildir.

Kadın yaşlandıkça cazibesini kaybedebilir, fakat onun şefkati en büyük gücüdür. Bunun için demişler ki "Çirkin kadın yoktur, huyu çirkin olan vardır."

– Hekimoğlu çok daldın, deyince kendime geldim.

Devam etti:

– Biliyorum, senin derdin benden çoktur, zaten dünya bir hastanedir.

Arkadaşımın yanından ayrılıp, kalabalık sokakların yalnız adamı olarak yürürken, kulaklarımda bir cümle çınlıyordu: "Allah, beni ondan sonraya bırakmasın!"

Bu nasıl bir kadın ki, kocasının hayatı olmuş!..

Açılsın bu gökler, yıkılsın duvar
Yollara ufuklara tırmansın artık!
Bir kuştüğü gibi menzile kadar
Uçsak, uçsak artık durmaktan bıktık.

Ömer Okçu

Ekseri insanlar hayalindeki hayatın kurbanıdır

İnsan "Benim!" dediği şeylere sahip çıkamıyor. Kalb mütehassısının kalbi, iç hastalıkları uzmanının midesi rahatsız olabiliyor. Hiç kimse gençliğini elde tutamıyor, en büyük adam küçücük mikroplara mağlup oluyor.

Hayal ise gem, üzengi tanımaz, başını alıp, gider. Televizyon, radyo, sinemalar, gazeteler, dergiler, sokaktaki tablolar, hayale hizmet eder.

Televizyondaki filmin tesirinde kalıp, aile hayatını öyle sananlar, kendi hayatına razı olmaz. Eşini, eşyasını beğenmemeye başlar. Huzursuzluk içine düşer, filmdeki hayatı yakalıyamadığı gibi, kendi hayatını da kaybeder.

Şarkı ve türkülerin tesirsiz olduğu iddia edilemez. Pek çok kimseyi içkiye ve fuhuşa sürüklediği gibi, ah'ların, of'ların da bini bir paradır. Olmaz dertlerin sahibi olur.

Gazete ve dergiler de insana yepyeni bir hayat aşılar. Modadan, politikadan, ekonomiye kadar aynı şekilde düşünen insanlar topluluğu meydana getirir.

Pek çok erkek, sokakta giymesini, gülmesini ve konuşmasını bilen kadınların tesirinde kalıp talihsiz olduğunu zanneder. Birbirine sarılan, gülen, şakalaşan gençleri görür, sonra kendi hayatına bakar gam ve kasavete düşer.. Lokantalar ve tatlıcı dükkanları insanımız üstünde menfi tesir bırakmakta, herkesin çok güzel yemekler yediğini sananlar, peynir ekmeğe razı olmaz.

Tarlada çalışan kimse, otobüste gidene imrenmektedir. Otobüste giden ise, hayat mücadelesinden öylesine bıkmış ki, tarladaki hayatı mumla arar.

Geceleyin uçaktan şehirlere bakıp, evimde olmayı ne kadar

istemişimdir. Herhalde pek çok kimse de uçmayı ister.

Bana imrenen insanların sayısı çoktur: Yazar olmak, konferanslar vermek, şöhret vesaire... Fakat benim hayatımı bilmezler, yaşayış tarzıma razı olmazlar, herhalde.

Bunun için bir misal vereyim: Geçen gün bir düğünde konuşma yapmamı istediler. Düşününüz pek çok kimse beni bekliyor, iltifatlar, yemekler vesaire.

İşlerimin çokluğundan gidemedim. Bir ara saatime baktım düğün zamanı. Ben de çamaşırlarımı makinaya atmış bekliyorum.

Herkes bizi, en üst düzeyde yaşıyor zanneder. Halbuki hiç kimse en üst düzeyde yaşıyamaz. Herkes hastalanır, yorulur, acıkır, çalışır, dinlenir... Hayatımda çamaşır yıkadığım çok azdır amma uykusuz kaldığım, yorulduğum, peynir ekmekle vakit geçirdiğim çoktur. İyi, kötü günler, birbirini kovalayıp gidiyor. Bu gerçekleri bir kısım kimselere anlatmak zor. Onun için "Üst düzeydeki hayat"ın hasretiyle, normal hayatlarını berbat edenler çoktur.

Peygamberimizin mucizelerini biliyorsunuz. Parmaklarından su akıtan, binlerce sahabeyi az bir yemekle doyuran, Ay'ı parmağıyla ikiye bilen İki Cihan Serveri, aç kalabiliyor, değirmen çekiyor, keçileri sağıyor, yürüyor, yoruluyor, hasırın üzerinde uyuyor. Peygamberimizin her hali mucize değildi.

Peygamberimizin en önemli yönlerinden biri de insanlara değil, Kur'ân'a tâbi olmasıydı. Bugünkü insanların pek çoğu da kendini insanlara beğendirmeye çalışıyor. Moda ve benzeri şeyler böyle doğdu.

Filmdeki, romandaki, şarkıdaki, sokaktaki hayatı yaşamaktan vazgeçiniz, kendi hayatınızı yaşayınız. Unutmayınız ki sizin hayatınız, sadece size benzer.

Çiçekler güneşten aldıkları ışıkları ve renkleri değiştirip, kendilerine göre renk ve şekil alırlar. Müslümanlar da İslâm'a uyarken yine kendi hayatlarını ortaya koyarlar. Herkesin hayatı bir denklem olduğundan, hiçbirinin sonucu diğerine benzemez.

İnsan gerçekçi olmalı, kitaptaki, filmdeki, hayaldeki hayat

yaşanmaz. Hayat bir gerçektir, ortadır, dünya ve ahiretimizi cennet edecek tarzda buna şekil verilmeli. "Şükr-ü mutlak" prensibine sadık kalırken, her hadiseyi İlâhî bir ikaz bilmeli, her zaman rıza-yı ilahiye talip olmalıdır. Çünkü herkes kendi hayatının hesabını verecek.

Şaman'dan tanrılar misafir geldi,
Olimpos edalı bin naşir geldi,
Müslüman Türklerden pek mahir geldi,
Uyumuş bir kavim yaran kalmamış.

Ömer Okçu

İnsancıl

İnsanlar, Allah isminin yerine kelimeler bulmak istiyor. İnsancıl, hümanist, tabiat, doğa, tanrı, külli akıl, vesaire.

Dikkat ederseniz Allah demek istemeyen insanların sayısı oldukça fazladır. Çünkü bir insan Allah der demez, hem Allah'ın kainata koyduğu nizamdan, hem de İslâm nizamından haberdar olur. Halbuki onun nizamı başka, İlahi nizam başka. İlâhî nizama geçmek istemediği için Allah demiyor.

Dünya zıtlar âlemi olduğundan, inançta, itikadda da zıtlıklar vardır. Allah demekten korkanlar yıllar boyu (Tahsil hayatımızda) tabiattan söz edip, bizi naturalist yetiştirdikleri gibi, çocuklarımızı ve torunlarımızı da doğacı yetiştirmeye çalışıyorlar.

Halbuki tabiat ve tabiat kanunları Allah tarafından yaratılmıştır. Yaratıkları görüp, yaratanı görmemek, basiret körlüğüdür, basiret kelimesini bilmeyen insan, elbette dalaletini ve dalaletinin sebebini de bilmeyecek.

Dinden uzaklaşan insan da, iyi olmak zorunda, cemiyet böyle istiyor. İnsanlık tarihi boyunca iyi insanları İslâmiyet yetiştirmiştir. gerek tecrübeler ve gerekse kültür yolu ile iyi insan olma prensipleri yaygınlaşmış. İslâm prensipleri, sosyal gerçekler şeklinde dolaşmaya başlamış, hümanizm ismi altında felsefi bir ceryan olmuş. Eğer Müslümanlar iyi, üstün insan olmayıp, hümanistler bunu başarırsa din tehlikeye düşer. Çünkü iyi insanı herkes sever. İyi insan dindar değilse, o zaman Müslümanlar hangi davanın peşinde?

Hümanizm, insancıl olmaktır, fayda esasına dayanır. İnsanlara faydalı olan kimse insancıldır.

Aslında kötü insandan başka herşey insanlara faydalıdır. Sebzeler, meyveler, hava, su, toprak insana faydalı olduğu gibi bir kısım hayvanlar da çok faydalı. Bir inekten kimseye zarar gelmez, insanlar bu hayvanın etinden, sütünden, danasından, gübresinden faydalanır. İnek kadar insanlara faydalı olan hümanist çok azdır.

Amma inek, iyi insana da, kötüye de faydalıdır. Kötüye hizmet eden cennete gidemiyeceği için, inekler, dolayısı ile hümanistler de cennete gidemez.

Dünya ve ahireti cennet etmenin yolu, kötüye ve kötülüğe karşı çıkıp, iyiden yana olmaktır.

Türkiye'de insancıl (hümanizm) akımı vardır, bunların dinle ilgisi yok. Zaten Müslüman kimse, İslâmiyet'ten başka bir şeyi yaşama tarzı kabul etmez.

İnsancıl, din gibi dile de karşıdır. Asırlardır devam eden Türkçe'nin yerine arı dili yerleştirmeye çalışırlar. Arapça, Frasça kelimeleri atıp, öz Türkçe kelimeleri yaygınlaştırırlar. Böylece, atılan Arapça kelimelerle beraber din de atılır.

İslâm alimleri yerine filozofları zikredip, onların fikirlerini yayarlar. Şimdi dense ki: "Ey Müslümanlar Hıristiyan olun!" bunu kim kabul eder? Amma Hıristiyan fikirleri, Hıristiyan örf ve adetleri yaygın hale gelirse, Hıristiyanlar gibi yaşayan Müslümanlar ortaya çıkar ki, bu garabet de İslâmiyet'i bitirir.

Zaten gaye, İslâmiyet'in bitmesidir. bunun için Allah isminin yerine geçecek bir sürü kelime türettiler, Müslüman'a Allah dedirtmemek için.

Allah kelimesinde mıknatisiyet vardır, bir insan Allah dedikçe, Allah'a intisabı, imanı, bağlılığı artar. Böylece İslâm sarayına girer.

Bilgisiz, görgüsüz bir adam bile Allah, Allah diye zikretse, onda hemen, merhamet, şefkat damarları kabarır, hakla bâtılı ayırmaya başlar, üstün insan olma yolunda mesafe alır.

Allah diyen mü'min boş zamanın sıkıntısını çekmez, vecde de gelirse, zamanın nasıl geçtiğini bilmez.

Yorgun ve uykusuz olan bir Müslüman gecenin bir saatinde abdest alıp, kıbleye dönüp, Allah demeye başladı mı, uyku, muyku kalmaz.

Allah kelimesinin yerini hiçbir kelime, hatta tanrı kelimesi de tutamaz. Tanrı kelimesinde ısrar edenler, tanrı, tanrı diye zikredemezler.

Allah kelimesi, insanı İslâmiyet'le irtibatlandırır. Bunun için İslâm'dan kaçanlar, Allah kelimesinden de kaçıyor.

İslâm'dan kaçanlar kendilerine kadınlı, içkili bir alem kurmuşlar. Müslüman, Kur'an'ın yırtılmasına nasıl razı olmazsa, insancıl (hümanist) de kadehinin kırılmasına öylesine razı olmaz.

Müslüman seccadesine nasıl sahip çıkarsa, hümanist de mayoya öylesine sahip çıkar.

Fikir cereyanlarının herbiri, bir yaşama biçimidir. Küpün içindeki ne ise, dışına sızan da odur. Düşünce ile hayat bütünleşir. Şöyle de diyebiliriz: Düşünce hayata, hayat da düşünceye tesir eder. Atatürkçülüğü de bu açıdan incelemek lazım.

Öyle derler, böyle derler el, eldir,
Sen bir biçaresin elden ne gelir?
Hak'kın yoluna gir, gayem budur de,
Sen dostdoğru yürü, halk bilmezse Hak bilir.

Ömer Okçu

Genç kızlarla bir sohbet

Artık üniversiteyi bitirmeyenler tahsil yapmış sayılmıyor. Halbuki kızların çoğu ilkokul mezunu.

"İlmi beşikten mezara kadar tahsil ediniz" emrine uyarak bu kızlar; okuyarak, dinleyerek, düşünerek, hatta ibret alarak kendilerini çok güzel yetiştiriyor.

Şikayetleri şu:

– Diplomamız olmadığı için okullarda vazife yapamıyoruz. Memur olamıyoruz. Peki, biz dinimize nasıl hizmet edeceğiz?

Kızların unuttuğu birşey var: İslamiyet'e göre yeryüzü bir mekteptir, her Müslüman, her yaşta talebe!

Elbette ki bildiklerimizi anlatır, bilmediklerimizi de öğreniriz.

Hal böyle olunca, kendini yetiştiren kızlar, hanımlar için öğretmendir.

Tecrübelerimle sabit ki, bir hanıma en tesirli olan yine hanımlardır. Galiba hanımlar birbirinin dilinden daha iyi anlıyor.

Aile ziyaretlerinde erkekler bir odada oturup, tefsir falan okuyabiliyor.

Hanımlar, bunu yapamıyor. Çocuklar, çay, pasta derken toplantı faydasız bitiyor.

Bunların içinde kültürlü bir hanım olsa, daha evvel hazırladığı çok kısa bir ibareyi okuyup anlatsa, ne kadar faydalı olur.

Hemen arkasından sorular yağacaktır.

Böylece ziyaretler dedi-kodu harmanı olmaktan kurtulup, sevaplı, faydalı bir hal alacaktır.

– Efendim, dinlemiyorlar...

Yooo, dinlerler. Eğer dinlemiyorlarsa, konuşanın bir hatası vardır.

Bugüne kadar dinleyiciyi, okuyucuyu hiç mi, hiç suçlamadım. Beni de dinlemedikleri oldu. "Ne hata yaptım?" sorusuna yine kendim cevap buldum, hatamı düzeltince, bir başka yerde dinlediler.

Müşteri baklava yapmasını bilmez amma, baklavanın iyi mi, kötü mü olduğunu bilir.

Bu bakımdan dinleyenler, konuşmayı değerlendirir: Mevzu nasıl, anlatım iyi mi?

İslâm dünyasında kadınların ilimden, irfandan geri kaldıkları acı bir gerçek. Bunun için, kendini yetiştiren hanımlara su gibi, hava gibi ihtiyaç var.

İlim kadar ibadet de önemli olunca, kültürlü hanımlar, İslâmı yaşamaya da gayret etmelidir.

Ahir zamanda hanımların dini anlayışı çok önemlidir. Evvela içki, kumar, bar gibi felaketlerden uzaklar. Böylece hanımlar erkeklerden daha ahlaklı oluyor, İslâm'a daha çok yakınlar.

Sonra hanımlar şefkatlidir, herkese iyilik yapmak ister.

"Evi yapan hanımdır" derler. Ev, aile, yuva cemiyetin temel direği.

Çocuk, ananın eseri.

Komşuluk, hanımlar için çok önemlidir.

Demek ki hanımlar fıtrî yaşayışlarıyla dinin yarısını yapmışlar gibi. Bu faziletlerin yanına İslâmî kültürü de ilave edip, belagat sanatı yakalanırsa, hizmetin sınırları çok genişler.

Ben anlamıyorum, eğitim sistemini beğenmiyenler bile diplomalarıyla övünüyor.

Bunun bir payı var, fakat diplomayı ilme ve kültüre delil gösteremezsiniz.

İlim sonsuz olduğu gibi, kültür de dünyayı kuşatır. Herkes gayreti nisbetinde bundan payını alır. Öyleyse diploma herşey değil, diplomasızlık da çaresizlik sayılmaz. Her kesimde büyük adamlar çıkmıştır. Diplomasız kimseler çaresizlik içine düşmemeli, beşikten mezara kadar ilim tahsil edilmeli.

Geçmiş yıllarda bir yengemiz vardı, ortaokul mezunuydu, yaşamasıyla, konuşmasıyla hanımlara çok çok faydalı oldu. Genç yaşta vefat etti, ona hep duacıyım, rahmetle anıyorum.

Müslüman hanımların, bilgili, okuduğunu anlatan, anlattığını dinlettiren, inandığı gibi yaşayan hanımlara ihtiyaçları büyük.

İdealist genç hanımlardan böylesine külli bir hizmeti bekliyorum, bekliyoruz.

Ahenge hasret gözler, sabırdan ahenk bekler
Rüzgar saçını tutan, bizden kaçan ahenkler.
Bu grubun ne fecri, ne de gündüzü olur.
Ne rahmet yağar, ne gökkuşağında renkler...
Ömer Okçu

Hasret ve ıstırap

Hoparlörde bir ses:

"Ararım seni her gün, ismini ana ana

Geçmez oldu günlerim, derdime yana yana"

Aranan nedir?

Bir kadın!

Her gün ismi anılan, yine kadın...

Bu sebeple dert doğuyor ve günler geçmek bilmiyormuş. Günler geçse kabir gelecek.

Bu mecazi aşktan hakikisine dönersek: İnsanın araması gereken, kendi yaratanıdır. İnsan, kendini erişilmez bir sanat eseri olarak görmeli ve bu eserin sanatkârını aramalıdır.

İnsan, kâinattaki nizamı görmeli ve anlamalı, nizamsız kalamayacağının farkına varmalı. Kendine bir nizam bulmalı. O nizam öyle olmalı ki, insanın dünya ve ahiretini cennet etsin...

Fakat insan dünyaya çocuk olarak gelir, eli, ayağı yer tutunca oynamaya başlar, oyuncaklarıyla meşgul olur.

İşte insanı bu zayıf damarından yakalamışlar, onu oynatıyorlar. Futbol, voleybol gibi saha oyunları, kahvede masa oyunları, perdede sinema, sahnede tiyatro, televizyonda yine oyunlar yine oyunlar...

"Eğlence" demişler, düğünlerden, diskoteklerden, barlara kadar eğlence...

Piknikler, pilajlar, gazinolar eğlence...

Oyun ve eğlence insan hayatının bütününü tutuyor, böylece insan çocukluk devrinden kurtulamıyor, hatta ak saçlı nineler ve dedeler dahi çocukluktan çıkamıyor, şuur kaybıyla iyice çocuklaşıyor, o başka.

Çocukluktan kurtulamayan insan bir şeyler arıyor. Bu sırada şehveti onu bir istikamete itiyor ve AŞK'ı yakalıyor. Gerçi bu AŞK, mart kedilerinin halinden daha fazla birşey değil amma, çocukluk devresini atamayan insan, kedi ile kendi arasındaki farkı da göremiyor, anlayamıyor ve haykırıyor:

"Ararım seni her gün ismini ana ana"

Diyerek zikre başladı. Yani bu insan, peryodun menfi cephesinde bir dünya kurdu, o dünyayı zikirhane durumuna getirdi, mabudesini zikrediyor.

Böylece kedi seviyesinde de kalamadı, menfiye geçerek inkara gitti. Hem de Allah'ın ihsan ettiği akıl, hafıza, kalb gibi organlarla...

Çocuk oynayıp, mesut olabilir fakat yaşlı bebekler oyundan zevk alsa da, bu zevk meyhanede kadeh tokuşturmak gibidir. Çamura düşmek, cinayet işlemek, ayyaş olmak, bu zevki, zehire döndürüyor.

Cemiyet tren ise, insan da bir yolcudur. Yolcu trene müdahale edemez, o raylara ve makiniste tabi olarak gider. Yolcu ise kendini koruyabilir.

Bugünkü tren HARAM BELDESİ'nde yol alıyor. Fuhuş, içki, kumar teşvik ediliyor. Bunun için şarkılar ve türküler haramdan söz ediyor ve insanın derdi bitmiyor.

Fert, içki içenlerin yanında namaz kılacak, sövüp sayanların sözleriyle ayetleri şaşırmıyacak, oynamıyacak, daima gerçeği yakalayıp, ona tabi olacak, zor.

Günah beldesinde, günahkarları taşıyan bir tren... İnenler, binenler, günahlarını yenilemek için gayret ediyor. Renk renk, desen desen günahlar. Cazip ve çekici... Bu kadar şahane motifler içinde, bu kadar nazik ve kibar biçimde günahların takdim edilişi hiç görülmemiştir. Üstelik, iç duygularımızla günahlar bütünleşiyor. Yani öyle bir kaleyiz ki içten ve dıştan kuşatılmışız. Bir yandan teslim olmamaya çalışırken, öte yandan herşeyimizle GÜNAH bataklığına saplanmışız. Günahların serbest olduğu bir beldede, teslim olmak istemeyen mü'min, seccadesini çöplüğe sermiş, meyhaneye doğru namaz kılıyor gibidir. Hoparlör seslerinden, ağzıyla okuduğu duayı kulağı duymuyor.

İşte ahir zaman fitnesi budur.

"Ararım seni her gün" diyen, arasa da dertli, bulsa da dertli. Çünkü sevilmemesi gerekeni sevmiştir. Parkta bulduğunu sokakta kaybedecektir. Onun ismini anmakla LEYLA demiştir, MEVLA diyemediği için dertleri bitmeyecektir. Zaten dertleri olduğunu da itiraf ediyor. Fakat bu dertlerin dermanı tabiplerde, hastahanelerde yoktur. Eczaneler ise uyuşturucu verebilir.

Bilmem ki ÇAĞDAŞ İNSANI tanıtabildim mi?

ÇAĞ, rengini dinden almamışsa GÜNAHLAR ALEMİ demektir. Günahlar aleminde yerini almak, daha iyi günah işlemek için maddi imkanlara kavuşmak, çağdaş olmak demektir.

Şurası hiç bir zaman unutulmamalı ki bugünün günahkâr insanı, dünün SEVAP SARAYI'nı yıktı. Acaba, bugünün sevapkar insanı, günahların kapısını kapatamaz mı? hiç olmazsa aralıyamaz mı?

Karanlıkla ışığın, acıyla tatlının, dikenle gülün, gübreyle toprağın mücadelesi var. İnsanlık tarihi boyunca günahkar insan ve inkârcı kesim, hiç bir zaman teslim olmadı, acaba mü'min hangi sebeplerle ümitsizliğe düşüyor?

Okyanuslarda büyük gemiler batabilir fakat, yosun adası her zaman şen ve esendir. Kainat nizamı içinde yerimizi alırsak, başarının yolları bize de açılacaktır.

Ve, günahı süslediler...

Şaşkınlık

Dünyaya bir çocuk geliyor, çocuk mükemmel, dünya mükemmel...

Fakat insanlar?

Çocuk büyüyor, büyüdükçe şaşkın. Ne yapacağını bilmiyor desek, yanlış. Çünkü birşeyler yapıyor: Evvela bol bol oynuyor.

Sonra canının istediğini yapıyor, yine de canı sıkılıyor. Eğer bir baskıyla karşılaşırsa, yol değiştiriyor, bir başka türlü oluyor... Yarın ne olacak, yarınlar ne getirecek meçhul.

Oyun!

Kahvede, sahnede, sahada, ekranda ve piknikte oyun. Hatta yeryüzü sahnesinde herkes hayatının rolünü oynuyor.

Madem ki oyun deyince akla çocuk gelir...

Madem ki beşikten mezara kadar herkes oynuyor...

Öyle ise herkes çocuk!

Bir avuç istisna bir yana.

Herkes çocuk olunca, bazı aileler, eğlenceyi ön plana alınca çocuklar biraz rahat ediyor.

Diğerleri oyuna ciddiyet getiriyor, dindar falan olmak istiyorlar. Hatta oyun kurallarının dışına çıkıp, gülmeyi unutuyor. O zaman çocuk şaşırıyor:

– Seccadeye evet, televizyondaki meyhane ne? Edep, haya güzel, ekrandaki yatak odası, gazetedeki çıplak resim, sosaktaki sövmeler, saymalar ne? Sonra okul ve işyerleri... Kahveler, meyhaneler, barlar ne?

Çocuk bunları yerli yerine oturtamıyor. Çünkü en geç gelişen organ insan beynidir. Ve herşey çocuğu din dışına çekiyor. Ebeveynin dindeki ahenksizliği de onu itiyor, böylece genç, şaşkınlığın kuyusuna düşüp, dünyası kararıyor, küçülüyor, tatsızlaşıyor. Dünyaya niçin geldiğinin hesabını soruyor. "Ben isteyerek gelmedim!" diye isyan ediyor. İsteyerek gitmek istiyor, bakıyor ki onu dünyaya bağlıyan çok şey var.

Ne olursa olsun, bugünkü gençlerin ekserisi şaşkın değil mi? Elbiselerinden, yeyip, içmelerinden... Gezip, tozmalarından... Hatta işlerindeki davranışlarından şaşkınlıkları belli olmuyor mu?

Hele o şarkı ve türküler! Bunlar neyi seviyor, neyi istiyor, belli değil.

Her evde, her yerde, her insanda müzik.

"Müzik ruhun gıdasıdır" diyenler, ruhu inkâr etti.

İnkar, bir fırtına gibi esti.

Şaşkınlık çok yaygın. Sanki zifiri karanlıkta... Sanki borada, fırtınada... Sanki büyük bir depremde, şehir yıkılmış, insan tek başına kalmış! Göz gözü görmüyor, elden tutan çelme takıyor.

Evet, milyonluk şehirlerde insan, yalnız kalmanın tezadı içinde kıvranıyor.

Birşeyler yaptığını sananlar, modellerden ne kadar uzak!

Birilerini takip edenler, hangi yolda, nereye gidiyor?

Hele içki içenler, kumar oynayanlar... Bar ve benzeri yerlere dadananlar... Plajlar, gazinolar, balolar! Kendilerini öyle bir aleme atmışlar ki, çıkışı düşünseler bile yol nerde? Kapı nerde?

Rejimler, ideolojiler... Mevkiler, makamlar... İnsanı sarıp, sarmalamış adeta, kundaklamış.

Herkes, zaman okyanusunda hayat gemisine binmiş.

Geminin içinde bir alem var. Herkes serbest, herkes kendi hayatını yaşıyor, fakat gemi bir yerlere uğruyor, gemi yolcu indiriyor.

İnenler, binenler... Gemi limandan limana uğrayıp, gidiyor. Herhalde "son liman"da olacak.

Hayır hayır, bu son liman kimseyi korkutmuyor. Öyle bir hayat ki, insanları kendine küstürmüş. Hayat hakkı istiyen insanlar, birbirine hayat hakkı tanımaz olmuş, şaşkınlık!

"Kurtuluş İslâm'da" diyorlar. Demek ki, kurtulmak isteyenler var. Bir yerlerden, bir hallerden kaçmak, bir yere sığınmak...

İslâmiyet'i sırat-ı müstakimde yaşamıyan, ölçüden, ahenkten uzak kalan, başkalarından esen rüzgara tabi olan ne kadar kurtulabilir ki? Bu gibileri kendini kurtaramazken, kendisiyle beraber İslâm'ı da batırır. Çünkü mensubu olmıyan bir din nasıl ayakta kalabilir?

Çocuğun hayırsızı olmaz, Allah, hayırlı ana, baba versin!

Çocuk

İnsan yediği, içtiği şeylere dikkat etse, hepsi topraktan yaratılmış, hepsi ölü...

Topraktan sebzeler, meyvalar yaratılmış, onları insanlar ve hayvanlar yiyor, böylece nesilleri devam ediyor. yani toprak bir, iki başkalaşım ile insána dönüşüyor. Böylece "Biz insanı balçıktan yarattık" ayeti daha iyi anlaşılıyor.

Canlıların bütünü 16 elementle besleniyor, 16 element aynen toprakta var. Bu demektir ki, bitkilerin, hayvanların ve insanların yapısı, toprağın aynı. Bunun için toprak gibi birşeyden canlılar yaratılırken, canlıların bütünü ölünce tekrar toprak oluyor.

Toprak gibi bir şeyden, bitkiler gibi canlı şeyleri yaratan Allah, toprak olan insanları ikinci defa diriltir, hayatının hesabını sorabilir.

Ölmüş gıdaları midemizde dirilten Allah, elbette ki ölmüş insanları da diriltecektir.

Yüz sene evvel nerede idiysek, yüz sene sonra orada olacağız.

Özetlersek: On sene sonra dünyaya gelecek çocuk, bugün topraktır.

Toprakta insanı görebilen insan, Kur'an'da da herşeyi görebilir.

* * *

Mikroskopla görülecek kadar küçük bir hücreden milyonlarca hücreyi yaratan, bu hücrelerle rahm-i maderdeki çocuğun organlarını tanzim ve tertip eden Allah, insana ne kadar yakındır, düşünün.

Anne vücudu, fabrika yapan fabrika gibidir. Erişilmez sanat eseri olan insanın yapısını anneye vermek mümkün değildir. Anne, Sanat-ı İlahiye'ye bir perdedir.

* * *

Dünyaya gelen çocuğa iki çeşmeden süt akmaya başlıyor. Çocuk için en iyi gıda budur.

Çocuğun akciğerleri atmosferle, gözleri ışıkla, kulakları sesle irtibat kuruyor. Bunları tesadüfe vermek mümkün değil.

Çocuğun bir kulağına ezan, bir kulağına kamet okunur. Bu hal, çocuk olmayanlara der ki: "İnsan ömrü, ezanla kamet arası kadar kısadır, haramları terkedin, helalları yapın ki dünya ve ahiretinizi cennet edesiniz."

Gerçekten insan ömrü çok kısadır, kuş tüyü gibi uçup gidiyor.

Sabah namazlarına kalkamayan anne bir gecede yavrusu için defalarca kalkıyor, of bile demiyor.

Annelerin bütününü yavrulara hizmetkar eden Rabb'imizdir.

Hiçbir yılan yavrusunu zehirlememiştir... Hiç bir kurt yavrusunu parçalayıp yememiş... Hiç bir aslan yavrusunu çiğnememiştir...

Rahman ve Rahim olan Allah, canavarları yavrularına hizmetkar ederken, bozulan insan, taşlaşan kalbiyle, yavrusunu taş merdivenlere bırakıp gidebiliyor.

Kur'an-ı Kerim Firavun'dan bahseder. Firavun rüyasında görür ki, doğacak bir erkek çocuk, tahtını elinden alacak. Bunun üzerine emir verir ki: "Bütün erkek çocuklar öldürülsün!"...

Firavun'un bu emri ile çocukların sadece dünya hayatına son verilmiş oluyor. halbuki bugün öyle analar, babalar var ki, çocuklarını kahveler, meyhaneler, barlar için yetiştiriyor. O melek gibi yavruların hem dünyasını, hem de ahiretini berbat ediyor. Şimdi siz söyleyin Firavun mu daha zararlı, yoksa bugünkü bir kısım analar ve babalar mı?

Bakıyoruz ki on yaşındaki bir çocuk keman çalıyor, demek ki bunun babası kemancı.

Bir başka çocuk tiz sesiyle Kur'an okuyor, anlıyoruz ki bunun babası da hafız.

Çocuklar, anne ve babasının hayatına göre yetişiyor.

Çocuğun hafızası boş bir teyb gibi, dilediğiniz gibi onu doldurabilirsiniz.

Çocuğun ruhu tertemiz, isterseniz kirletir, isterseniz temiz tutabilirsiniz.

Çocuğa sadece ebeveyni tesir etmekle kalmaz, akrabaları, yakınları, komşuları, okul, televizyon, radyo, gazeteler, dergiler, kitaplar ve arkadaşları. Bunların bütünü adeta onun kaderini tayin eder.

Daha dişleri çıkmadan onda seçme kabiliyeti başlar. Evvela annesini yabancılardan ayırır. Sonra oyuncaklara elini uzatır... Zamanla yiyecek ve içecekleri birbirinden ayırır. Yaşı ilerledikçe elbisesini, ayakkabısına seçer. her şeyde beğendiği, beğenmediği olur. Böylece 15 yaşına gelir, artık iyi ile kötüyü, faydalı ile zararlıyı ayırmak noktasındadır ki, buna "Rüştüne ermek" denir. Rüştüne eren dinini de seçmek zorundadır. Seçmezse mesuldür. Çünkü herşeyi seçerken, neden hayrı bâtıldan ayırmasın, neden iyiyi seçmesin, neden dinini öğrenmesin?

Fakat şunu tekrar söyleyelim ki, evladın hayırsızı olmaz, Allah hayırlı ana-baba nasip etsin.

"Cihar attım şeş oynadım
Yine felek yendi beni"
Diyen, bir de İslâmı yaşasaydı, dünya ve ahiretini cennet ederdi.

Satranç!

İnsan beyni öyle bir bilgisayar ki, yapısı çok basit, boz bir madde... Sonra bedava, hiç kimse beyni için beş para ödemedi... Beyin hem kendini proğramlıyor, hem de çıkış yapıyor.

Bilgisayarlara hayran olan insanların çoğu, kendi beyninden, daha açıkçası kafatasının içindeki bilgisayardan habersiz.

İnsan beyni öyle bir bilgisayar ki, hem bilgisayar yapıyor, hem de proğramlıyor.

Satranç oyununda bu bilgisayar çalışmaya başlıyor, yedi oyunu peşpeşe sıralıyor.

Evet oynuyor!

Oyun çocukların hakkı, 7'den 70'e kadar her çocuk oynamalı.

Zamanı tüketmek için oynamak!

Nasıl olsa beyin de, zaman da bedava, harca harcadığın kadar.

Zamanı öldürmek için oynamak!

Bir gün geliyor, bakıyor ki, ölen zaman değil kendisiymiş.

Zamanın kıymetini bilmeyen insanlar, elbette kıymetsiz olur. Kıymetsize İslâmiyeti anlatmak, köre renkleri tarif etmek gibi.

Satranç, her zaman "satranç tahtası"nda oynanmaz. O, birden bire tahtanın dışına fırlar, masada oynanır. Savaşta kaybedenin, masada kazanması gibi.

Masalar! Burada kimler kaybetti, kimler kazandı.

Masalar insanlığın manevî haritası, onu görecek alet yapılmadı.

Hele hele yuvarlak masalar...

Orda şirketler, orda devletler, hep kazanıp, kaybetti.

Hiç kimse kaybetmek için masaya oturmaz amma, herşey zıddıyla devam eder.

Satranç, masalardan sokaklara taşar. Herkes kazanmak için evinden fırlar, bazısı öyle kaybetmiştir ki "nefis muhasebesi" bile yapamaz.

Acaba Türk Dil kurumu sözlüğünde nefis ve muhasebe kelimeleri var mı?

Kendini kaybeden ne kazanmıştır?

Kazanmak için gözünü dört açan, ucuz bir daire yakalamış,

kaçırmamak için hemen kaparoyu bastırmış... Ertesi gün mal sahibi biraz daha istemiş... Biraz daha, biraz daha... Bir de bakmış ki paranın tamamını ödemiş, o zaman aklı başına gelip, tapuyu istemiş. Adam şah çekmiş "Burası tapusuz" deyip mat etmiş.

İşte bu satrançtır, müşteri ucuza almak, öteki "olmayan malı"nı satmak için oynuyor. Oltadaki yem ve balık misali. Sahtekar da, sahtekara muhatap olan da satranç oynuyor.

Çarşı, pazar satranç masası...

İşyerleri...

Devlet daireleri...

Kışlalar, fabrikalar, okullar...

Kısacası insanla alakalı her yer satranç tahtası, herkes oynuyor, kimisi oynadığını biliyor, kiminin bundan da haberi yok. Amma herkes kazanıyor, kaybediyor.

Kaybedilenlerden biri de dünyadır. İntihar eden adam dünyaya zar atmış hep yek gelmiş.

Beynin ve zamanın kıymetini bilmeyen kimse de, aslında intihar etmiştir amma, insanlar bunu anlayacak seviyeye gelmemiş.

"Cıhar attım şeş oynadım,

Yine felek yendi beni"

Şu ifade bir satranç sonucunu ilan etmiyor mu?

Diyeceksiniz ki bu bir "tavla"dır...

O da oyun, atlar tavlada, insanlar kahvede oynar. İster kale, ister at çek, sonunda mezar taşı.

Şu savaşlar!

Topyekün savaşta, öyle satranç oynanıyor ki, ölen de, öldüren de insan! Bazan kırallar bile, piyon gibi harcanır.

Modern çağın, modern insanı, kendini öldürecek, insanlığı imha edecek silahlar, cihazlar yapmaktadır. Bu öyle bir oyun ki, oyuncu, kendini mat ediyor.

Ayyaşlar, kumarbazlar, cahiller, tembeller acaba hangi savaşın maktulleri?

Kötü alışkanlıklara esir olanlar hangi savaşın artığı?

Satranç, insanların hayatını dolduran bir oyun, 7'den 70'e her çocuk oynuyor.

Ne zaman kemale ereceğiz?

Kendini idare edemiyen, neyi idare ederse etsin, sonu hüsrandır.

Deli

Adamın oğlu lise ikiye gidiyordu amma, hiç mi, hiç laf dinlemiyordu. Karnesi, spor toto... Surat asmak, top oynamak, kavga etmek, ters cevaplar vermek, hepsi vardı.

Birgün oğlunu yanına aldı, Bakırköy Akıl Hastanesinin yolunu tuttu. Randevu aldığı psikiyatri uzmanının odasına girdi. Şikayetin konusunu dinleyen tabib, çocukla, yalnız kalmak istediğini açıkladı. Babası hemen itiraz etti:

– Doktorcuğum, oğlumla arkadaş gibiyiz...

– Olsun, madem bize gelmişsiniz, ricalarımı kabul ediniz, oğlunuzla yalnız görüşeyim.

Tabible başbaşa kalan genç, etrafına bakındı:

– Burası akıl hastanesi, ben deli değilim. Deli olan dışarda kaldı. Siz, onunla meşgul olunuz, dedi.

Tecrübeli doktor durumu anlamıştı:

– Peki, babanın, şikayet ettiği şeyleri niçin yapıyorsun?

Çocuk hiç düşünmeden cevap verdi:

– Onu üzmek için. Onu üzmek, bana zevk veriyor. Büyürsem, daha çok üzeceğim, yaptıklarına pişman edeceğim.

– Anlaşıldı, diyerek, bekleme salonuna çıktılar. Doktor, adamcağızı içeri aldı.

– Çocuğunuz çok zeki, sizin yaşayışınıza tepki gösterdiği

için, böyle hareket ediyor. Siz, daha değişik bir hayat tarzı içine girmelisiniz...

Doktor sözünü bitirmeden o, kendinden emin bir şekilde ve biraz da yüksekten atarak konuşmaya başladı:

– Ben yüksek tahsil yapmışım, yüksek bir makama gelmişim, nasıl yaşanacağını, daha doğrusu, bu makamda nasıl yaşanacağını çok iyi bildiğimden, makamım daima yükselmiş. Açıkcası, içmeden, kadınlarla senli benli olmadan, topluma uyup, onların istediği bir oyunu oynamadan, bu makamı korumak veya daha ileriye gitmek mümkün değil. Bu gerçekleri siz de biliyorsunuz. Neden oğluma gerçekleri anlatmıyorsunuz? Benim başka kadınlarla olmam, annesini üzer. Görgüsüz bir kadın, halen orta çağ anlayışı içinde. Oğlum da annesinin tesirinde kalıyor, yanlış hareketlerde bulunuyor. Onu, çağın adamı yapmasını bilirim. İstedim ki yorulmadan yapayım. Şimdi söyleyiniz lütfen bana yardımcı olacak mısınız?

Doktor tebessüm ederek:

– Yani oğlunuza diyeyim ki, babanın içmesine, kız arkadaşı ile gezmesine ve kumar oynamasına karışma, öyle mi?

Adamcağız, hemen ayağa kalktı, sinirli bir ifade ile:

– Sizinle anlaşamayacağız. Çağın gerçeklerini hafife almanızı istemem. Hayat budur, bunu kabul etmeyen tedavi olmalıdır, öyle ise, izninizle oğluma bir başka doktor arıyayım...

Deyip, şapkasını başına koyduğu gibi çıkıp gitti, ücret de ödemeden.

Tabib acı acı güldü, kalemini hafif hafif masaya vurarak:

– İçkiyle, kumarla, fuhuşla mücadele etmeyen devlet var mı?

Diye söylendi.

Bu olayı duyunca ben şöyle dedim:

– Var efendim, var: Türkiye'de içen terfi eder, namaz kılan işten atılır... Bunun adı da: Avrupa medeniyetidir, kalkınmadır, ilerlemedir.

Nedir, benden kopan, kaçan o nedir?
Ufuklarda bize ağlıyanlar kim?
Hürriyet zevke, menfeate esir,
Yaşıyan Şarlo'dur, ölense Selim!

Ömer Okçu

Firari

Tefsir dersimizi okuyup, bitirdik, sıra geldi, sorulara... Gençlerden biri:

– Kamptan geliyorum. Babam deniz kıyafetiyle oturmuş içiyor, annem kendine göre işler görüyor, kardeşim de onlarla beraber. Beni görünce peder küplere bindi: Neden kampta durmuyor muşum, neden onlar gibi yaşamıyormuşum, harçlık vermiyecekmiş, ben ona layık evlat değilmişim... Annem de bu durumlara çok üzülüyor, ne yapsın? Bir fırsatını bulunca soluğu burda aldım.

Bitmeyen kaçış! İçki içip lambur lumbur konuşanların gülünç halinden kaçış... İçkiyle sıhhatini, servetini, kültürünü kaybedenlerin perişaniyetinden kaçış. Bozulan aile saadeti, bozulan hayat, bozulan dünya... Bunların hepsinden kaçış...

Din düşmanları sanıyor ki biz din propagandası yaparak dindarların sayısını artırıyoruz. Halbuki, onların kötü hayatından kaçanlar, kendini İslâmiyet'in içinde buluyor. Böylece camiler doluyor. Hayalel felah! Haydin kurtuluşa koşuyorlar.

Sürünmekten korkan, ayakta durmak isteyen, İslâm'a koşuyor. Bunların sayısı binler...

Aynı genç sordu:

– Çevremdeki kadınlar da, erkekler de hep ayak ayağın üzerine atıp, oturuyor, neden?

Kısa etekli bir hanım düşünün ayak ayağın üzerine atmazsa, bacaklarını nasıl kapatacak? Karşısındaki erkek ona nasıl bakacak? Mini etekli birisi, ayak ayağın üzerine atmazsa, hepten açık kalacak... Zaten mini etek Avrupa'nın malı, ayak ayağın üzerine atmak da oraya ait bir adet...

– Peki erkekler neden aynı şeyi yapıyor?

Bir erkeğin bacaklarını açarak, yayılarak oturması çok

ayıp, karşısındaki insanları rahatsız eder. Çünkü pantolonlar dar, fermuarlar da iyi değil. Pantolon Avrupa kıyafeti olduğuna göre, bu kıyafetteki insanın ayak ayağın üzerine atarak oturması da normaldir.

– Peki biz ne yapacağız?

Şimdi pileli pantolonlar moda, bu moda işimize yarıyor. Mümkün olduğu kadar geniş pantolon giymeli. Sandalye veya koltukta oturduğumuzda da dizlerimizi birbirine yakın tutmalıyız.

– Şalvar giysek?

Şalvar giyince diplomanızın vereceği vazifeleri yapamazsınız veya size vazife vermezler. Kâr ve zarar hesabını iyi yapmalı.

– Ceket, gömlek, kravat?..

Pantolon mühim, çünkü organların belli olması kerahettir, çirkindir.

– Kime benzemişsek, o millettenmişiz?..

Siz huy, ahlâk, örf, âdet bakımından Avrupalı'ya benzemeyin. Asıl haram olan budur. Elbette ki Avrupalı'nın ilim, teknik, çalışkanlık gibi iyi yönlerini alacağız, meyhanesini, barını atarak.

– Ben annemden, babamdan izin almadan kaçtım, günah oldu mu?

Kahveye, bara, meyhaneye, diskoteğe giden gençler, annesinden, babasından izin alıyor mu? hem büyüklerimizin elini öpeceğiz, hem de dinimizi öğrenmeye gideceğiz.

– Beddua ederlerse?

– Kendileri günaha girer:: Müslüman'ı, İslâmiyet'ten geri çekenler, elbette günahkar olur, belki daha tehlikeli...

Genç devam etti:

– Babam kötü insan değil, alışmış bir kere. İçti mi şaşırıyor. Neşeleniyor da, kızıyor da. İçini döküyor, gizli, kapaklı bir yanı kalmıyor.

İçini çekip üzüntüyle devam etti:

– Benim sıhhatim, zekam iyi, Kardeşim iyi değil. Tahmin ederim içki, babamın neslini bozdu ve zavallı kardeşim... Bu yönden babamı af etmiyorum.

Zamanın kıymetini bilmeyen kıymetsiz olur.

Aylak gençler

Sokaklar dolusu genç. Bunlar gecenin geç saatlerine kadar sokaklarda oturur, gülümsiyecek şeylere kahkaha ile güler, kötü kötü şakalar yapar, işe yaramaz şeyler anlatırlar.

Sigara ile ayakları kayar, yavaş yavaş kötü alışkanlıklara sürüklenirler, oyun salonlarının müdavimi olurlar.

Zamanın geçmemesine çok kızarlar, bunun için zamanı öldürmeye çalışırlar.

Haftalar, aylar böyle geçer, ne tahsil, ne sanat.. Amma para gerek. İşte felaket çığ gibi bu anda karşılarına dikilir, çünkü para yalnız kendilerine değil, eve de lazım. İki ekmeğe kim razı olur, ihtiyaçlar, ihtiyaçlar... Öyle işçi parasıyla çözülecek gibi değil, gözlerini büyük rakamlara dikerler, böylece vurgunculuğun, hırsızlığın, anarşinin yolu görülür.

Polisler, karakollar, hapishaneler, acayip insanlar hayaline gelir, hayattan nefret eder.

Artık şuursuzcasına bir hayatın içine girmiştir, canının istediğini yapar: Ya bir hastalık, ya polis veya ölüm yakasına yapışıncaya kadar...

Bunların hiçbirine rastlamazsa işsizlik belini büker. Hele evlenmişse, çocukları da varsa, fakirlik ateşten gömlek olur. Bilmem bunlardan kaçı, aylak yıllarını hatırlayıp, boş geçen zamanların cezasını çektiğini anlar? Zamanın kıymetini bilmediği için, kıymetsiz adam olduğunu kaçı fehmeder?

Elbette işe yaramaz insanlardan, işe yaramaz bir millet ve bir devlet ortaya çıkar. İşsizlik, dış ticaret açığı, enflasyon, gelir dağılımındaki aksaklıklar, fakirlik kol gezer.

Düşmanın kuvveti, bizim zayıflığımızdandır. Zayıf olan millete, devlete hücumlar başlar. İnsanlar ölür, görürsün, duyarsın, üzülürsün... Halbuki bu insanlar sokaklarda çoktan ölmüştü, bilemezsin, hal ile maziyi birbirine bağlıyamazsın, şefkatin pençesinde kıvranıp, durursun.

Demek "İnsanlar ölüyor"

Çok zaman "insanlığını öldürenler" ölür. Kimbilir böylelerinin ölümü, belki insanlığa hizmettir.

Öldüren zaten zalim!

Şu sokak çocuklarını gördüğümde ne kadar üzülürüm. Kışın ders çalışsalar, yazın lisan öğrenseler veya bir sanata devam etseler. Bilseler ki: Bugünler yarınların kökü, gövdesidir. Yarının çiçekleri, bu dallarda açacak, yarının meyvaları bu yaprakların arasında büyüyecek...

Sokakta çürüyen kökler, bu kökün üzerinde hangi fidan büyüyecek, hangi ağaç meyva verecek?

Meyvasız ağaçları ateşe atıyorlar, bilmiyor musunuz?

Evet spor, futbol, piknik hakkın, amma her şey ölçü ile. Nefes alman, su içmen, yemek yemen ölçülü, sen nasıl ölçüsüz olabilirsin?

Herşey bir nizam içindeyken, sen nasıl başıboş kalabilirsin?

Olabilir, ebeveynin, komşuların şöyledir böyledir. Okulunu da sevmeyebilirsin. Ustana kızabilirsin. Bunlara rağmen kendine acımalısın. Çünkü mazeretlerin sana kazandıracağı hiçbir şey yok, sefaletten başka.

Hiç bir adam, sokakta büyümedi, kavak gibi büyümenin de bizce mânâsı yok!

Yıllarca önce "Meşhur Olan Fakir Çocuklar" isimli bir kitap okumuştum, ismi bile cesaretim olmuştu. Keşke şu aylak Müslüman çocuklarına "Gâvur" dediğimiz büyük adamların hayatını okutabilsek.

Gâvurlar "büyük" olmanın yolunu bulurken, Müslümanlar'ın küçük kalması ayaklar altında ezilmelerine sebep...

Sokak çocukları, aylaklar, oyuna doymayanlar, düşmana davetiye çıkarıyor: "Gelin, bizi ezin" diye.

Kalabalıklaşan dünyada insanın hiç mi, hiç önemi kalmadı. Bırakın düşmanı, nice devlet var ki kendi tebeasından yüzbinlercesini öldürüyor, Mesela milyonlarca vatandaşını öldürten Stalin, bir tek ineğin kurban edilmesine taraftar değildi.

Kıymetsiz insanlar, dünyayı berbat ettiler, kendileri de berbat olduğu yetmiyormuş gibi, dünyayı yaşanmaz hale getirdiler.

Ahh, sokak çocukları, aylak insanlar, oyun oynayan yetmişlik bebekler: Bir insan felakete bu kadar zevkle ve şevkle koşar mı?

Bir toz bulutu ile desenlenmiş talihler,
Semavi bağlarını kesmiş birçok tashihler,
Zulmetler nur doğurur, bilen çeker zahmeti,
Afakı tutmuş bela, bahsetmiyor tarihler.

Ömer Okçu

Ulaşamadık

Müzik âleminde birşeyler oluyor: birisi çıkıp şarkı veya türkü söylüyor, birçok genç vecd içinde kendinden geçip, oynuyor, alkışlıyor, ağlıyor...

İşte dindar olacak insanlar bunlardı, fakat İslâmiyet'i onlara kadar götüremedik.

İslâmiyet'i onlara götürebilseydik, okuyacaklardı, soracaklardı, vecd içinde ibadet edip, ağlıyacaklardı, çağlıyacaklardı.

O hassas ruhlar, o duygulu insanlar, iç dünyası zengin olanlar, her yerde ve her zaman şevk ve vecd içine girebilirdi.

Komünizm için herşeyini verenlere ne kadar yanmış, yakılmışımdır, bunlara İslâmiyet'i götürebilseydik, bu sefer din için akıl almaz fedakarlıklarda bulunurlardı.

Bir futbol maçını düşünün, sabahın erken saatlerinde yollara dizilenler... Stadyumun kapısında kuyrukta bekleyenler... Tribünde saatlerce oturanlar... Sadece ve sadece futbolu tartışanlar... Çılgınca ayağa kalkanlar, var güçleriyle bağıranlar, zamanı unutanlar, hatta bu yolda ölenler, öldürülenler...

Bunlara yetişemedik, yetişseydik eğer, aynı vecdle, aynı şevkle İslâm'ı yaşar, kendini, hayatını ve herşeyini İslâm'a verirlerdi.

Bir ayyaş ne güzel Müslüman olurdu!

Öyle sermestem ki idrak etmezsem dünya nedür?
Ben kimem, saki olan kim, mey-ü sehba nedür?
Gerçi canandan dil-i şeyda için kam isterim.
Sorsa canan bilmezem kam-u dil-i şeyda nedür.

Öyle sarhoşum ki anlamam dünyayı: Ben kimim, saki kim, meyhane nedir, bunları bilmem. Sevgilimden gönlümü hoş etmesi için birşeyler isterim. Sorsa sevgilim, ondan ne istediğimi de bilmem.

Gamdan azade heman dünya da bir meyhanedir.

Sarhoşluğun çeşitli şekilleri vardır, her veli, her derviş bir çeşit sarhoştur.

Yeryüzünde yalnız benim serseri
Yeryüzünde yalnız ben derbederim
Bu dünyada varsa herkesin bir yeri
Ben de "Bütün dünya benimdir" derim

Diyen şair, İslâmî yolda herşeyi feda edenleri ne kadar güzel tasvir etmiş!

Böyle mecnun gezenin, elbet bir Leyla'sı var...

Aşk da çeşit çeşittir, Mevla diyecek yerde Leyla diyenler olduğu gibi, Mevla dediği anda yorgunluğunu, uykuyu, hatta kendini unutanlar da çoktur.

İntihar edenler ne güzel Müslüman olurdu. Onlar ki dünyaya küsmüş... Onlara İslamiyeti götürseydik ruhlarına engin bir âlem açardık, hepsi ebediyet yolcusu olurdu.

Ah o serseriler! Gangsterler! Ve, teröristler! Bunların hepsi islâm âleminin kaybedilmiş şanlı yiğitleri!

Fıtrat yalan söylemez. Bunlar dindar olsaydı, ateş hattında yürürlerdi. İslâm'ın piştar namzetleri, islâm'ı görmeden süründüler, öldüler.

Normal olmayan insanlar hep bizim kesemizden gitti. Şu anormal âlemde normal olmak tezat değil mi?

Yıllarca gezdirdim hoyrat başımı
Aradım bir ömür arkadaşımı
Ölsem dikecek yok mezar taşımı
Kendime ben bile hayret ederim

Diyen şair, resimlerin ötesinde bir tasvir yapmış ki işte o kendini İslâm'a veren kimsedir.

Bu bakımdan resimlere yüz vermem. Hayır, hayır o adam hiçbir zaman bu değildi. Hani onun içindeki inişler yokuşlar? Hani onun iç dünyasındaki fırtınalar, boralar? Bunun için resimlerimden nefret ederim. Hepsi yalan! Hepsi dünyama kapanan kapı!

İslâmiyet kabukta kaldı, öze indiremedik.

Kaç Müslüman'ın ruhu Allah'a iman etti?

Bunun için çarşılar, pazarlar... Bunun için, köyler, kasabalar... Hepsi, hepsi diyar-ı Rum'un belki bir beldesi...

İslâmiyet camide kaldı, cemeate birşey veremedik.

Fatiha isteyen ölü de ne ruhunu, ne de diyar-ı küfrü fethetmişti...

Günah seli, ibadetleri alıp, götürdü.

Müzik ruhun gıdasıdır

Askeriyede komando birlikleri vardır. Bunlar yüksek fiziki

kabiliyetler gösterdiği gibi zor hayat şartları içinde hayatlarını sürdürmeyi de öğrenirler. Bunun için komandolar, mesela, üç gün kırda, dağda, bayırda bırakılır. Kendilerine ekmek, yemek kumanya verilmez. Bulduklarını yiyerek, açlıklarını gidermek zorundalar. Herkes istediğini yer, kurbağa yiyenlerden tutunuz, otla beslenenlere kadar.

Dinden uzaklaşan insanlar, akıllarına terk edildi. Kendi akıllarıyla hayatlarını devam ettirmek zorunda kalanlar, evvela midelerini düşündüler. Sonra giyinme,barınma gibi şeyler sıraya girdi. İnsanın üstünlüğü, eşyayla, malla ve mevkiyle ölçülmeye başladı. Böylece beyin ve kalb aç kaldı. Nasıl ki, komandolar midenin açlığını gidermek için bulduklarını yemek zorunda kaldılar, ruhu aç olanlar da, müzikle onu doyurmaya çalıştılar. Bu hususta alışkanlık peydah ettiler. Komandonun yediği kurbağa ile bugünkü insanın dinlediği müzik arasında fark yoktur. Kurbağa mideye ne kadar uygun ise bugünkü müzik de ruha o kadar uygundur.

Dini meseleleri düşünmeyen, tetkik, tetebbuda bulunmayan, Kur'an okumayan insan, şarkı ve türkü söyleyecek ve dinleyecektir, üçüncü bir şık yoktur.

Denebilir ki: Müzikle ruhun açlığını giderenler, beyinlerinin ve kalblerinin açlığını nasıl gideriyor?

Anatomi atlası insan beynini 48 bölümde inceliyor. Bunların içinde en önemlileri, daha doğrusu şu anda bizi ilgilendiren, zeka ve hafızadır.

Problem çözen, bulunduğu durumu kavrayan her insan zekidir. Dolayısıyla zeki insan, bulunduğu duruma göre düşünür ve sonuca varır. Öyle ise bir zekada bin türlü düşünce vardır. Şöyle de diyebiliriz: Nasıl ki, bir noktadan sonsuz doğru çıkarsa, zekadan da sonsuz fikir çıkar. Zeka bu fikirler içindeki doğru ile yanlışı izafî olarak ayırıp, mutlak doğruyu bulamaz. Bunun için ilahi sistemden çok, beşeri sistemler türemiş, bunun için, felsefe tarihi de filozofların birbirini yermesiyle, çürütmesiyle doludur.

Hakikatı arayan filozoflar, aradıklarını bulamadıkları için, filozofluk mesleği devam etmektedir.

Zekanın en mühim vazifesi hakikat olan İslâmiyeti anlamaktır, hakikatı icat etmek değildir.

Hafıza ise teybe benzer. Teyb bantlarına dilediğiniz kadar bilgi doldurabilirsiniz. Bu bilgiler dini de olabilir. Fakat teyb cennete de cehenneme de giremez, çünkü icraatı yoktur. Amma insanın icraatı vardır. İslâmiyeti öğrenenle, sosyalizmi öğrenen veya fikir dünyasından habersiz olanların davranışı aynı olamaz. Kur'an kursuna devam eden camiye, sosyalizmi öğrenen eyleme, ot gibi olanlar da canının istediği yere gider. Demek hafıza, fiillerimize yön vermektedir. Bunun için insanın cennete veya cehenneme gitmesi söz konusudur.

Zekayı dini problemlerle, hafızayı dini bilgilerle doldurmayıp, boş bıraktı mı (iradeniz dışında) bir kısım problemleri çözmeye başlar, hafıza da birşeyler öğrenir. Bunlar ulvî ve süfli diye iki kısma ayrılır. Her bilgi döner insana tesir eder.

Kendine dost olmayan, kime, nasıl dost olabilir?

Kendine faydalı olmak

Hayatı yenmek isteyenlerin bilmesi gereken iki hakikat vardır:

1- Engel ve zorluklar hayatın malıdır. Gelişme ve başarma arzusu içinde olan her insan engel ve zorluklarla çevrilmiş bir adaya benzer.

2- Hayatta engel ve zorluklardan daha berbad bir şey vardır ki bu da bomboş oturmak, her işden kaçınmak veya tembellik etmektir. Hayatın tehlikelerinden, meselelerinden kaçmak isteyenler, kaçmaya çalışırken düşerler.

Ya mücadele edeceksiniz, ya da susup oturacaksınız, herşeyden elinizi eteğinizi çekeceksiniz.

Yani ya hayat, ya ölüm.

Zorlukların önünden kaçan insanlar, bunu inanılmayacak kadar büyük bir bedelle öderler.

Her türlü engele, zorluğa, tehlikeye karşı alacağımız tavır, başarı gösterip gösteremeyeceğimizi belirleyecektir. Mesuliyet, bir insanın bulabileceği en iyi dosttur. Ne yazık ki birçok insan bunun kıymetini ancak ömrünün son zamanlarında anlar.

İnsanları ahlak sahibi yapan da yine bu mecburiyetlerdir. Borçlarını ödemek, sözünde durmak, kendisinin olduğu kadar başkalarının da kar ve menfaatlerine itina etmek, bir insanın iş hayatındaki ahlaki mecburiyetleridir.

Çalışmanın kıymeti, vücudu ve beyni daima güçlü tutmasında, bunları geliştirmesinde ve bizi hayata karşı maddeten ve manen dayanıklı yetiştirmesindedir.

Eğer ben bir genç adama tek nasihat verecek olsaydım şunu söylerdim:

– Git. Ömrün oldukça zorluklarla ve sorumluluklarla dolu bir hayat yaşa. Zira bunlarsız bir hayat, taşımağa değmeyen bir yüktür.

Dünyaya faydalı, insanlığa faydalı, milletlerine faydalı olmuş her hakiki büyük adamın hayatı zorluklar ve engellerle mücadelelerle geçmiştir.

Genç bir adam şu suali sormuştu:

– Lisanın en faydalı kelimesi hangisidir?

Derhal cevap verdim:

– Öğrenmek.

Hâlâ o soruya verebilecek başka bir cevap bulamadım.

İnsan öğrenmeli. Bilgi neredeyse oraya kadar gidip elde etmeli.

İnsan zorluklara karşı koyma kuvvetini ancak "öğrenmek sayesinde elde edebilir.

Hiçbir kimse zorluk karşısında gelişi güzel tavır almamalıdır. Nasıl davranılması gerektiği incelenmeli, tesbit edilmelidir.

Kendimize daima sormalıyız.

– Bana bu işte yardım edecek kitap yok mu?

Öğrenmenin en ucuz ve en kolay yolu "okumak"dır. Birkaç bin liralık kitap, milyonlarca liralık hizmet edebilir.

Bir kimya müessesesi, az bir zaman önce bir tecrübe için 25 bin mark sarfetmişti. Sonradan aradıkları açıklama ve bilginin 10 marka satılan bir kitapta mevcut olduğunu anladılar.

Gerekli araştırmayı yapıp bunu öğrenselerdi, 24.990 mark tasarruf etmiş olacaklardı.

Dünyanın tanıdığı kaşif ve mucidlerin birçoğu bilgilerini kitaplardan toplamıştır.

Mesela telefonu icad eden Bell, bu fikri Alman yazar Helmholtz'un "Sada" hakkında yazdığı bir eserden almıştır.

Okumaya ve öğrenmeye ayrılan zaman daima kendisini öder. Ancak çok acele etmeye, sabırsızlanmaya gerek yoktur.

Bilginin gereksiz olduğunu düşünen insanlarla büyük işler başarılamaz.

İnsan, başarısının her noktasında daha çok bilgiye muhtaçtır.

Hatta başarı yükseldikçe bilgiye ihtiyaç da artar.

Kimi insanlar pratikte elde ettikleri tecrübe ve alışkanlıkların işe yaradığını görünce yeterli zanneder ve bilgiyi küçümser.

Böylelerinin içinden büyük adamlar çıktığı görülmemiştir. Bunlar daima başkalarının peşinden yürürler de bunun farkına bile varmazlar.

Sanma ki mümkündür bu belanın def'i
Yersin tekmesini ahbabınsa katır
Tadılmazsa insanlığın şerefi
Arta hayvan olmanın azabı kalır.

Ömer Okçu

Kâbus

Mükemmeli isteyen insanın şikâyeti çoktur. Fakat kimi, kime, şikâyet edecek?

İnsanın olduğu yerde problem varsa, elimizin değdiği herşey az çok bozulacaktır. Bozduklarımızı düzeltmek bile şeref.

Hep başkalarını düzeltmeye çalışıyoruz, elemlerimizin sebebi budur.

Kendimizi düzeltmeye çalışmak ise biberli, lezzetli yemek.

Evvela kendini bozuk kabul edenlerin sayısı çok az. Kaç insan gözlerini içine çevirir? Kaç tanesi "Suç bende!" diyebilir? İnsanlar kendini beğenmişliğin, gururun, kibirin çukurundan çıkabilir mi? İşin garip tarafı bozulanlar kendini daha çok beğenirken; öz benliğinin mimarı olanlar, büyüteçle kendinde hata arar.

Menfeat ve zevk fırtınalarının tufan olduğu noktada, ayaklar yerden kesilmiş, bunları kurtarmak için fırtınalara yelken açabilir misin? Açarsan, hataların yanına bir hata da sen eklemez misin?

Bir gül için, bin dikene hizmet etmek ariflerin kaderidir. İnsanları kurtarmak ise ufuktaki ideal. Dünya zıtlar âlemi, herşey zıddıyla yaşar, zıddıyla bilinir. kötüler olmasaydı iyilerin hasretiyle yanar mıydık?

Sonsuz hareketlerin, kendine has nizamı içinde çalkanan dış dünya, ferdin müdahalesine omuz silker.

İç dünya ise ferdi uzlete çekerken, ona yepyeni kapılar açar.

İç dünyanın, dış dünyadan daha küçük olduğunu zanneden, o kapıyı hiç açmamış demektir.

İç dünya nedir bilir misin? Gübrenin güle dönüşmesi gibi birşey? Hiç gül fidanını seyrettin mi? Ben onun dibine gübre döktüm, goncalar açsın diye...

Güle bak: Odundan gövdesi, gübreyi güle çeviriyor. Sen, gülün dış dünyasını görüyorsun, gerçekten odun! Bir de iç dünyasına bakabilsen, gübrenin güle dönüşüne hayran olacaksın. Gübrenin pisliğine, gülün temizliğine bak! Gübre pis pis kokarken gül kokusu, insanı mest eder. Güldeki renkleri gübrede bulabilir misin?

Sevdiklerinin mezarına gül dikenler, cesedin gübre olduğunu biliyor mu?

Ruh, gübreli saksıya dikilmiş...

– Gül mü?

Belli değil, diken de olabilir. Bir bahçıvan gibi bahçene gir, ekin ekersen diken bitmeyecektir.

– Gülün de dikeni var?

Haramla savaşmayan veli olabilir mi?

Nefis herkesin müşterek malı. Bu öyle birşey ki, insanı şeytan da eder, veli de. Herşey kullanıldığı yere göre değer alır. gül yetiştirene diken zarar vermez.

En büyük ve gerçek dost Allah ise... Dosta giden yollarda yürünmezse dikenler biter.

İç yollar dıştakine bağlanmazsa kim, nereye gidiyor? Bu arabalar, bu insanlar neye koşuyor ve sen, ne için yollardasın?

İç dünya ile dış dünyanın sınırında beklemek kâbus mu, kâbus!

İç dünyayı buzlu cam ardından seyretmek yanlış yorumları davet eder.

Hele hele onu kavanozda görmek "Ben!" diyenin benliğine sahip olmaması gibi bir şey!

İslâmiyet iç dünyamızın atlasıdır. Bu atlastan planlar, krokiler çıkarıp, bulunduğumuz yeri tesbit edip, varacağımız noktayı işaretlememiz mümkün.

Bu halde, iç ve dış dünyalar arasında bir ahenk kurulamazsa mecnun gömleği giyilebilir.

Ölçü ve ahenk İslâm'ın değişmez şartı.

Organlarımız ölçülü ahenkli... İbadetler, zamanın ölçüsüne tâbi. Herşey bir nizam içindeyken, elbette insan nizamsız olamaz. İslâmiyet de yeryüzü sarayının nizamnamesi değil mi? Mükemmel bir din olan İslâmiyetin mensubu olan Müslüman da mükemmel olmalı. Değilse nerde din?

Başkalarını mükemmel etmeye çalışmanın diğergamlığı yok, kendisi mükemmel değilse, söğütün elmayı övmesi boşuna. Sigara içen, babanın "Oğlum sigara içme" demesi, ne kadar mânâsız.

Kavaktan da meyva beklenmez ya...

Söğüdün aşı kabul etmesi ayrı bir fazilet!

İnsanlar birbiriyle ne kadar çok uğraşıyor, biraz da kendileriyle uğraşsalar, o zaman herşey düzelecek.

Kur'an, Peygamber ve insan aklı... Bunların üçü bir bütündür, biri ayrılırsa, diğerleri anlaşılmaz.

Avrupalı'nın aklı

İnsanı diğer canlılardan ayıran en mühim unsur aklıdır. Allah, kafatasımızın içine insan beyni değil de dana beyni koysaydı, yirminci asır medeniyeti olur muydu?

Dana beyni ile insan beyni yapı bakımından birbirine çok benzer, fakat yaptığı işler farklı

İnsanlar iki kol halinde akıp gelmiş: Peygamberlere tabi olanlar ve filozoflar.

"Filozoflara tabi olanlar" demiyorum, çünkü aklıyla hareket eden herkes filozoftur.

Filozof, hakikati arıyan insandır.

Müslüman için islamiyet hakikatın ta kendisi... Öyle ise Müslümanın vazifesi İslamiyet'i anlamaktır.

Dikkat edilirse filozof da, Müslüman da aklını sonuna kadar kullanır. Biri (aklı yaratan) dan habersizcesine arayış içindeyken; diğeri aklı yaratanın nizamı içinde. Bu da iki türlüdür: Kainat nizamını kuran Allah, İslâm nizamını göndermiştir. Müslüman iki nizamın bütünlüğü içinde şahsi nizamını kurar.

Evet, akıllı olmak birşey değil, önemli olan aklı yerli yerinde kullanmaktır.

Yerinde kullanılmayan akıl felaketlerin davetçisidir. Anarşistlerin, gangasterlerin, kumarbazların, ayyaşların, soyguncuların, kaçakçıların, hırsızların, gasıpçıların bütünü akıllıdır. Hiç bir geri zekalı bunları yapamaz.

İntihar edenlerin de hepsi akıllıdır.

Antik çağ (Milattan evvel) Yunanlılar'da başlıyan akılcılık (rasyonalizm) Elea ekoluyla devam etmiş, Eflatun'dan Descartes (Dekart)'a kadar uzanmış, ilmi ve teknolojiyi putlaştırarak, insanları dinden uzaklaştırmıştır.

İncil'in aslı Roma İmparatorluğu devrinde kaybolunca, sonradan yazılan İnciller, bugünün insanına cevap veremeyeceğinden, Hıristiyanlar İnciller'den (dolayısı ile) kiliseden uzaklaştıkça ilerlemiş.

Kur'an-ı Kerim ise ilk inzal buyurulduğu gibidir. Kainata nizam veren Allah, İslâmiyet'i gönderdiği için, kainat nizamı geçerliliğini nasıl koruyorsa, İslâmiyet de öyledir. Tarih şahittir ki, Müslümanlar İslâm'a sarıldıkça süper güç olmuş.

İslâm nizamı Kur'ân,hadis ve akıl üçlüsüyle yürür. Bu üç unsurdan biri devreden çıkarsa, İslâmiyet anlaşılmaz, yanlış yaşanır. Hem ilimden teknikten uzak kalınır, hem de İslâmiyet yaşanmaz, bugünkü gibi.

Yetmiş yaşındaki Türkiye, Japonlar'la, Almanlar'la, ruslar'la beraber yola çıktı. Onlar ilim ve teknikte süper güç olurken, biz yarı yolda kaldık.

Herhalde Atatürkçüler, hocaların tesbihine takılarak tökezleyip, ilimde ve teknikte geri kaldılar.

Cumhuriyetin ilk yıllarından beri kulüplerin, kahvelerin, meyhanelerin artması; baloların, kokteyl partilerin düzenlenmesi... Halen içki içene, spor toto oynayana önem verilmesi... Halen kız arkadaş edinmenin çağdaşlık sayılması... İlim ve tekniğin dördüncü, beşinci plana atılmasından başka bir şey değildir.

Türkiye Büyük Millet Meclisi de, rasyonalist (akılcı) esaslarla çalışıyor.

Süper güçler de rasyonalist, bizde rasyonalistiz. Neden onlar ileri, biz geriyiz?

Çünkü onlardaki devlet adamları içkiyle, kumarla, fuhuşla mücadele halinde iken, bizde tersinedir.

Onlarda içmeyen, kumar oynamayan, normal aile hayatı yaşıyan insan makbul iken, bizde böylesine memurlar mimlenir, terfi edemez.

İlmi ve tekniği İslâmiyet emrettiğinden, İslâm'dan uzaklaşan Türkiye, ilim ve teknikten de uzaklaşmış, süper güçlere pazar olmuştur.

Rezalette Avrupa ülkelerinden biri olan Türkiye, fazilette Avrupa'ya bile hasret!

İslâmiyet'i bir yana bırakıp, rasyonalizmle (akılcılıkla) hareket ettiğini zannedenler, içkiyle akıllarını kararttığından mı nedir, karanlık bir dünya bize hediye ettiler ve karanlık işler kol gezmeye başladı.

Latince'de "Ratio" akıl manasına gelir. Bu kelimeden rasyonalizm (akılcılık) türetilmiş.

Latin alfabesi, Latin aklıyla Milat'tan önceki sosyal hayatı yaşayan Türkiye, ilerici olma iddiasında...

Müslümanlara "gerici" diyenler, Milat öncesini yaşayarak ilerici oluyor, buna da "rasyonalizm" deniyor.

Akıllı ve akılcı Türkiye, bakalım nereye gidecek?

İlim, Allah'ın sıfatıdır, bu sebeple, dinli, dinsiz olamaz! Okuldaki ilim başka, camideki ilim başka olamaz. İlim bir bütündür, İslâmiyet ilmin ta kendisi, bilim dallarının bütünü de İslâmidir.

Akıl ve din üzerine sohbet

Yeryüzü bir saray, gök kubbe, güneş avize, yıldızlar kandil. Bu sarayda kimler oturacak?

Siz bir daire alsanız, kiracının iyi olmasını istemez misiniz? Allah da bu sarayı, kafirler için yaratmadı.

İnsanlık tarihinde, yeryüzü sarayının sahibine ve nizamnamesine itaat etmeyen kimseler bazan çoğalmış ve hakim duruma da gelmiş.

İşte böyle bir zamanda Peygamberimiz (s.a.v.) "La ilahe illallah" deyince, birden bire dostları karşısına geçmiş, putlara dost olanlar, O'na düşman olmuş.

İlkbaharın fırtınasından, yağmurundan, yıldırımından çiçekleri koruyan Allah, Peygamberini de korumuş. Kainata nizam veren Allah, İslâm nizamını göndermiş, kim mani olabilir? Putperestlerin düşmanlığına rağmen, her geçen gün Müslümanların sayısı artmaya başlamış. Kureyşliler "boykot"la buna mani olmak isteyip, Müslümanlarla konuşmamışlar, mal alıp, satmamışlar. Her bakımdan onları açlığa ve sefalete itmeye çalışmışlar.

Bu boykotta Hazreti Hatice Annemizin durumu fevkaladedir? Bir zamanlar Kureyş'in en zengin hanımı olan Annemiz, artık en fakirdir. Malını, mülkünü, herşeyini İslâm uğruna harcamış. Yoksulluklar, hastalıklar, çocukların vefatı ve seferler birbirini takip etmiş. Bir gün dönüp de:

– Efendi, nedir senden çektiğimiz? dememiş.

Her zaman ve her hal içinde kocasını desteklemiş. Bunun mükafatı olarak, İki Cihan Serveri buyuruyor ki:

– Hatice gibi bir başka kadının başından güneş doğup, batmamıştır.

Üç sene süren boykot kaldırıldığında, Hazreti Hatice Annemiz, müteakiben de Ebu Talip vefat etti.

Felaketlerin harman olduğu bu dönemde Ekmel Peygamber, dul olan Hazreti Sevde ile evlendi. Minyeli Abdullah'ın eşinin ismi de Sevde...

Peygamberimiz (s.a.v.) 55 yaşına kadar tek hanımla yaşamış, cariye de almamıştır.

Hakim-i mutlak olan Allah, İslâmiyet'i gönderiyor, fakat müşrikler hakim!

Tam bu sırada Mirac mucizesi.

İlgili Hadis'te Mescid-i Aksa'ya gidildiği, Burak'a binildiği, göğün tabakalarında gezildiği anlatılmaktadır.

Çekirdeğe bakıp, ağacı izah edemezsiniz. Dünya hayatı çekirdekse, Miraç ağaç!

Kudret-i mutlaka sahibi Rabbimiz, Nebi'sini, eşyanın mahiyetinde dolaştırmıştır. Bugünkü insan, mikroskopla mikroplar alemini, teleskopla yıldızlar alemini dolaştığı gibi, mikroskopları ve teleskoları yapanları yaratan Allah, Nebi'sine, hakimiyetini gösterip:

– Küçük büyük herşeye bu derece hakim olan Allah, senin başına gelen felaketleri bilmez mi?

Miraç: İslâm'a hizmet ederken zor duruma düşen mü'mine, kainattaki nizamı ve Hakim-i mutlak olan Allah'ı hatırlatır, kime sığınılacağını talim ettirir.

Dağlarla, denizlerle dünyayı, güneşin etrafında dolaştıran Allah, Nebi'sini, eşyanın mahiyetinde ruhuyla, cismiyle beraber dolaştırmıştır.

Prof. Dr. Hans Von Aiberg, Alman olduğu halde, Miraç hakkında güzel bir eser yazmışken, pek çok Müslüman bunun mahiyetini anlamakta zorluk çekmektedir.

Bediüzzaman Said Nursi de 31. Sözde bu konuyu çok güzel izah etmiştir. Bu ilim adamları göstermiştir ki "Allah'a inanmak, ilmin ve aklın gereğidir." Yine şu husus artık açıklık kazanmıştır ki: Ayetler ve hadisler insan aklına hitap eder ve insan aklı da bunları anlamaya yeterlidir.

Eğer biz İslâmiyeti fiilen yaşasak, gayrimüslimler bile müslüman olur.

Avrupalı Müslümanlar

Evet onlar işçi, gurbetçi değil, Avrupalı Müslümanlar! Çünkü Avrupa'ya cami, Kur'an kursu götürdüler. Bir kısım kiliseleri bile camiye çevirdiler.

Sonra: İçki içmeyen, kumar oynamayan ve bara gitmeyen insan modelini gösterdiler. Bu bakımdan onlar mücahid ve kahraman! Fakat:

Çocuklarını koruyamadılar. Çünkü yurtlar ve kolejler açamadılar.

Eğer yurtlarımız ve kolejlerimiz olsaydı, o melek gibi yavrular, tarihimizle, medeniyetimizle irtibat kurup, günah seline kapılmayacaktı.

Gençlerin % 70'i gitmiş, % 30'u ise, Almanya'da doğmuş, Almancası fevkalade! Tahsil yapıyor ve "Ben Müslümanım" diyor.

Bu gençler yarın belediyede, devlette, hatta, mecliste vazife alacaklar. Üst tabakada Almanlar'la bütünleşecekler. Üst düzeyde İslam'ı temsil edecekler...

İlimde, teknikte ve ahlâkta, entel Almanlarla bütünleşmek mümkün. Almanlar, Müslüman'ın böylesini sevecek...

3000 mensubu bulunan Müslüman Almanlar Cemiyeti'ne gittim. Türkçe bilenler de var.

– Neden Türkler'i cemiyetinize almıyorsunuz?

Diye sorduğumda, verdikleri cevap beni utandırdı:

– Türkler Arapça bilmez, cahiller, pisler ve görgüsüzler.

Bunlar bir iftira veya hakaret değildi, tasvir!... Gerçekten de, Müslüman Almanlar'ın çoğu arapça öğrenirken, camileri dolduran Müslümanlardan hemen hemen Arapça bilen yok.

İçki, kumar ve zinada, Almanlar'ın ayak takımıyla bütünleşenler de, ne bize yaradı, ne de onlara.

Şimdi üst düzeydeki Almanlar'la bütünleşenler var.

Yepyeni bir gençlik geliyor. Bunlar içkinin, kumarın, fuhuşun ve uyuşturucunun ağına düşenleri gördüler, onların perişan haline şahit oldular, kendileri de sürünmemek için, irkildiler ve kendilerini İslam'ın içinde buldular. Bu gençleri Alman firmalar kapışıyor. Almanca'ları fevkalade... İngilizce, Fransızca da var. Tahsil, görgü ve terbiye de bunlara ilave edilince neden kapışılmasın?

Haram seline düşenlerin perişan halleri, bir kısım gençlere helali beğendirdi, bu da kurtuluşumuzun habercisi.

Herkes yurt ve kolej istiyor. Eğer kolejler açılsa, en geç üç sene sonra Almanlar da çocuklarını bu okullara verecekler. İslamiyet âlemlere rahmet!

"Çocuk beslemektense, köpek beslemek daha iyidir" diyen Almanlar, çocuklarına ilim, teknik, bu arada yüce ahlâk veren yurtları ve kolejleri dört gözle bekliyor.

İlmin ve ahlakın dışında yanlış görüntüler verenlerin yüzünden, Almanlar, yabancılara, özellikle Müslümanlara, bilhassa Türkler'e değişik gözle bakıyor.

Bir tarafta Müslüman gençlerin sefahatte boğulmasını isteyenler... Öte yanda Türk'ü, Türk'e kırdırıp, bir kısmını mezara, bir kısmını da hapishaneye göndermeye çalışanlar... Tuzak korkunç ve müthiş! Ne yazık ki bu oyuna gelen çok, Alman hapishanelerinde yedi bin Türk yatıyor (1994).

Bu dehşetli tablo bazılarını uyandırmış, böylece ilme, ahlaka kayan gençlerin sayısı, her geçen gün artıyor.

Almanya'yı süper güç yapan, bardaki parktaki adam değildir. Bunlarda öyle bir elit tabaka var ki sefahatten uzak, ilimde ve teknikte başarılı...

Hamdolsun, Almanlar'ın bu kısmını gören Müslümanlar, medeniyeti ilimde, teknikte ve ahlakta arıyorlar. İşte bunlar Avrupalı Müslümanlar'dır. İslâmiyet adına bizi sevindiren de bunlar?

Olmayan şey inkar edilmez. Öyle ise inkar bile bir isbattır!

İnkâr ve isbat

İnsan, kendisine verilen sınırsız kabiliyetleri çeşitli şekillerde kullanırken, önemli bir yaratık olduğunu ortaya koyuyor.

Meselenin bir objektif (zahiri), bir de sübjektif (batınî) yönü vardır.

İnsan, sübjektif yönüyle imanla inkârın yol kavşağındadır. İsterse inanır, isterse inkâr eder.

Bu iman ve inkâr, doğrudan doğruya Allah'la ilgilidir. Çünkü kâinatı yaratan Allah, İslâmiyet'i göndermiştir. her ikisi de Allah'ın sıfatlarını anlamakla anlaşılır, her ikisi de Esma-ül hüsna ile izah edilir.

Kâinat ne kadar objektifse, İslâmiyet de o kadar sübjektiftir.

İlimler objektif (dış) âlemin mahsulü iken, iman sübjektif (iç) âlemin mahsulüdür.

Özle kabuk bir bütündür, bunları ayrı ayrı düşünürüz, fakat birbirinden ayıramayız. İç ve dış organlarımız gibi, ruhla ceset gibi.

İmanı müsbet ve menfî diye iki kısımda ele alırken; bunların da dalları (mertebeleri) vardır.

Müslümanlar müsbet iman taşır, fakat herkesin imanı derece derece birbirinden farklıdır. İman, ibadete sebeptir, bunu da külli mânâda ele almalıdır.

Her ne kadar İNKAR, Allah'ın yokluğu sayılsa da; o da, Allah'ın varlığına delildir. Çünkü olmayan birşey inkâr edilemez. Zaten olmayan şeyi duygularımızla tesbit edemeyiz ki, onu inkâr edelim. Meselâ: Burnumuz olmasaydı kokuları bilemezdik. Bizim bilememiz kokuların yokluğuna delil değil, burnumuzun yokluğuna delildir. Burunsuz insan için kokular, gaip âlemindedir, burnumuzla şahadet âlemine çıkmışlar.

İnkârın iki sebebi vardır: Biri ilmî, diğeri haramlar.

Sosyalizm, kapitalizm, materyalizm gibi bilimsel cereyanlar ve ideolojiler insanları inkâra sürüklerken... Kötü alışkanlıklar da inkâra sebep olabilir: Ya inandığımız gibi yaşarız veya yaşadığımız gibi inanırız.

Leibniz'in Monad'ı, Aristo'nun mantığı, Eflatun'un ideleri, Marks'ın maddesi, Millî Eğitim'deki "doğa" gibi kelimeler, Allah isminin yerine konan isimlerdir.

Bu durumda inanan da, inanmayan da Allah'ın şuunatını kabul ediyor; imansızlar (ateistler), Allah'ın ef'alini birşeylere vermek istiyor.

Gerçi Allah'a inanan filozoflar ekseriyettedir amma, onlar da Allah'ın sıfatlarında hata ediyor, Hıristiyanlar gibi.

Halbuki Allah'ı sadece sıfatlarıyla öğrenebiliriz, başka türlü öğrenmek mümkün değil. Kur'an'da ve hadislerde yazılı bu sıfatları, kainat şerh ve izah eder. Çünkü herşey, Allah'ın sıfatlarıyla tecelli etmiştir; her sanat eseri, sanatkârını gösterir.

Gerçek ilim, imanın davetçisidir.

İnkarda ve imanda ilim

Fransız komünistlerinden Georges Politzer'in Yeni Üniversite'de verdiği dersler, iki öğrencisi tarafından Principes Elementaires'de Philosophie adıyla yayınlanıp, büyük ilgi görmüş. Türk solcuları da onu felsefenin Temel ilkeleri diye tercüme ettiler, ellerinden düşmedi. Bu kitap, Marksistlere bir ideal veriyor, bu ideali zafere ulaştırmak için savaşmayı tavsiye edip, teoriyle pratiği bütünleştiriyor. Zaten öğretim üyesi olan Politzer de 1942'de savaşarak can vermişti.

Kitapta diyalektik, yedi derste anlatılmış.

Diyalektik (dialectique): Metodlu ve doğru şekilde akıl yürütmektir. Olayları, sonuçlarını, ayrıca varlıkları mantıklı bir biçimde anlamak ve anlatmaktır. Mistisizmin zıddıdır.

Diyalektik materyalizm, yani madde üzerinde kafa yormak, Marksist partinin görüşüdür.

Marksistler tabiatı diyalektik metodla incelerken maddeyi hareket olarak ele alıyor. Modern fizik de: "Madde, enerjinin pekiştirilmiş şeklidir" der. Maddenin enerjiye, enerjinin de maddeye dönüşmesi bundandır.

İslâm'a göre enerji, Allah'ın Hayat sıfatının maddede tecellisidir. Bunun için insanlar, canlı organizma yapamaz. Hayatı veren Allah'tır. Hayat, cansız cisimlerde (elektron hareketiyle) enerji adıyla tecelli ederken, bitkilerin, hayvanların ve insanların canlı olduğu, kainatın makina gibi çalıştığı açıktır. Bu gerçeklerin ışığında maddeye bakınca taş, toprak, demir cansızdır, fakat hayatsız değil, çünkü bunlarda elektron hareketi vardır. Hareket de hayata işarettir, Hayat da Allah'ın sıfatı!

Solcular, maddedeki hareketi kabul eder fakat hareketi vereni söylemez, "kendiliğinden oluş" der. Yani Allah'ın yaptığı işleri maddeye verip, naturizmin doğmasına sebep olmuşlardır. Naturizm, Türkiye'de tabiat veya doğa diye, Allah isminin yerine oturtulmuştur.

Marksist diyalektikten başlangıçta ayrıldığımız nokta budur. Onlar hareket olarak ele alıyor. Modern fizik de: "Madde, enerjinin pekiştirilmiş şeklidir" der. Maddenin enerjiye, enerjinin de maddeye dönüşmesi bundandır.

Marksist diyalektikten başlangıçta ayrıldığımız nokta şudur: Onlar hareket > madde > tabiat > determinizm sebepler zincirini kurup, ilimlerini ve mantıklarını bunun üzerine bina ederler... Biz ise sebepleri yaratan Allah'a iman edip, hayat > hareket > madde ve tabiat silsilesini kabulleniriz. Bundan sonra, tatbikattaki hareket ve madde görüşünde beraberiz.

Bu durumda solcularla anlaşamadığımız iki nokta var: Ezeliyet ve ebediyet. Onlar bu sıfatları maddeye verirken; biz, bunları Allah'ın sıfatı olarak biliriz.

Sonsuz'u cebir ve geometri de kabullenir, fakat tarif edemez. Sonsuzla ebediyet eş anlamlıdır. Allah'ın ebediyeti kendinden, maddenin ebediyeti, Allah'ın vermesiyledir.

Materyalizm ile İslâmiyet birbirine zıttır.

Solculardan söz açılınca kapitalistleri hatırlamamak olur mu? Capitalisme ismiyle, cismiyle Avrupa'nın malıdır. Bu o kadar berbattı ki ıslahı için komünizm harekatı başladı. Komünizmin inkarla yola çıkması, başarısızlığının en büyük sebebi oldu. İnkarı olmasaydı, İslâm'a kapitalizmden daha yakındı. Amma, İslâmiyet bunlardan apayrı birşey..

Kapitalistlerin materyalist ansiklopedisi yok amma, onlar da buz gibi materyalist!

Öyle ya, Müslümanlar ne âlemde?

Tarikata mistisizm denirse, gafletin büyüklüğünü düşünün. Mysticisme'in, İslâmiyet'le, Müslüman'la ne alakası var? Müslüman bilginler tarikata mistisizm, derse, Marksist diyalektik zaten buna karşıdır, dolayısıyla İslâmiyet yanlış anlaşılır, davet kabiliyeti kalmaz.

Sonra!

Evet sonra, bir kısım Müslümanlar solcu, bir kısmı kapitalist, büyük çoğunluk da cahil gözükürse, İslâmiyet nerde? Güneş batınca karanlık gelmez mi? Güneş gitmeseydi karanlık gelmezdi. Öyle ise karanlığa kızmayın, güneşi getirin yeter!..

Materyalistler hareketin kendi kendine oluştuğunu, kendiliğinden yoğunlaşarak madde haline geldiğini iddia eder.

Biz ise, hareketin Allah'ın Hayat sıfatına dayandığını, molekül kanunlarını Allah'ın koyduğunu kabul ederiz.

Böylece: Materyalistler Allah'ı inkar ederken maddeyi mabut haline getirirler; biz ise Allah'a inanırız, herşeyin esmaü'l-hüsnanın tecellisi olduğunu ilmen ve imanen biliriz.

Bu inkar ve iman ayrılığından sonra ilimde ve laboratuvarla beraberliğimiz başlar. Şimdi size Marksist Politzer'in madde hakkında görüşlerini aktaracağım:

Madde harekettir, bu hareket basit yer değiştirmeden, düşünceye kadar, evrende meydana gelen değişmelerin bütününü, sürekliliği içinde kucaklar.

Descartes (Dekart)'e göre: Hareketsizlik, harekete göre izafidir. Gemide oturan yolcu hareketsiz zannedilir, halbuki o da hareket halindedir.

Elmanın yuvarlanması mekanik harekettir.

Otomobil de mekanik hareketle giderken, parçaları yapranır, eskir, artık o, beş sene evvelki değildir.

Bir cismin elektriklenmesi, bitkilerin büyümesi, suyun buharlaşması harekettir.

İngiliz bilgini Newton (1642-1727) evreni, hiç durmayan bir saate benzetmişti.

19. yüzyıl başında maddenin dönüşümü keşfedildi. Otomobil misaline tekrar dönersek, hızla giden araba, ağaca çarpıp yanmaya başlasa, arabanın hızla gitmesi de, yanması da harekettir. Yangından sonra geriye kalan şeyler maddenin yeni görünüşü olduğu gibi, ateş, ısı, duman da otomobildeki maddelerin değişimi ve dönüşümünden başka birşey değildir. Öyle ise madde yok olmaz, biçim değiştirir. Zaten madde ile hareket, hareket ile enerji aynı şeydir. Enerjinin alabileceği biçimler çok çeşitlidir. Elektrik santralindeki mekanik enerji, elektrik enerjisine dönüşür. Elektrik ısı, ışık, ses olabilir.

Elektrik, suyu hidrojen ve oksijene ayırınca kimyevi enerji elde edilir.

Kömür, sobada yanınca kalorik enerjiye dönüşür.

Bu misallerin sayısı artırıldıkça enerjinin çeşitli şekillerde karşımıza çıktığı görülür. Dönüşümlerin bütünü, hareket halindeki maddeden başkası değildir.

Newton, evreni bir saate benzetmişti. Doğru, fakat evren saatin parçaları gibi durmaz. Yıldızlar, gezegenler, hayranlık uyandıran bir gelişim ve değişim içindedir. Zaten beş milyar yaşındaki evrenin geçmişte ne büyük değişimlere uğradığı astronominin, jeolojinin ve arkeolojinin konusudur.

19. yüzyılda canlı maddenin birimi hücre idi, bugün elektrona kadar iniliyor. Canlılardaki değişim daha açık gözüküyor.

Kısacası: Hiçbir yerde, hiçbir zaman hareketsiz madde olmamıştır. Maddesiz hareket, hareketsiz madde düşünülemez.

Georges Politzer'in, 'Felsefenin Temel İlkeleri' isimli kitabının 50. ve devamı sahifelerinden aldıklarımız burada bitti.

Yukarıdaki açıklamalarda görüldüğü gibi, materyalistler maddeyi, enerjiyi, hareketi bir bütün olarak ele alıp, bunların kendiliğinden oluştuğuna inanır, evrendeki nizamı da tabiatın kurduğunu kabul ederler. Böylece maddeyi, enerjiyi ve tabiatı putlaştırıp, peşinen üç ilaha inanır, arkasından, atomların karıncaya dönüşümüne bakarak, atomlar adedince ilah, mabut edinmeye kalkışırlar ki bu imkansızdır. Bu sefer dönüp menfaatini putlaştırarak egoist zalim bir tip ortaya çıkarırlar.

Biz ise, Allah'ın Hayat sıfatının herşeyi kuşattığına, bu sıfatın cansız cisimlerde enerji, bitkilerde, hayvanlarda ve insanlarda can olarak tecelli ettiğine inanırız ve Allah, kainatı bir makina gibi çalıştırır. Cansız cisim vardır, hayatsız cisim yoktur. Toprak demir, ekmek cansızdır fakat bunlar atomlardan yaratıldığından, atomlardaki elektron hareketi hayata işarettir. Hayat da Allah'ın sıfatıdır. İnsanın en küçük parçası atom olunca; insan, potasyum, kalsiyum, iyot gibi madenlerle irtibat kurup, 16 elementten yaratılmıştır. Toprakta 16 element var, aynı elementler insanda da olunca, insanın yapısı, toprağa eşittir. Topraktan insan yaratan Allah, toprak olan insanları da ikinci kez yaratır.

Sosyalistler yaratılışa inanmadıklarından "Hiçbir şey yok edilemez, hiçbir şey de yoktan var edilemez" diyerek maddeye ezeliyet ve ebediyet verirler.

Bize göre madde yaratılmıştır, baki olan Allah, maddeye beka vererek cenneti, cehennemi de yaratmıştır. Yani Allah'ın bekası kendinden, yaratıkların bekası, Allah'ın vermesiyledir.

Elektronların, iyonların, partiküllerin varlığını ilmen kabul eden materyalistler, tezada düşerek yokluğun da varlığını kabul ederler. Bunun için kendilerinin de yok olacağına inanırlar.

Halbuki, Allah'ın sıfatları herşeyi kuşattığından mutlak manada yokluk yoktur. Yokluk dediğimiz şeyler hacim tutan varlıktır.

Tabuttaki ölünün çekirdekten, yumurtadan farkı yoktur.

Solcular hem enerjinin maddeye, maddenin enerjiye dönüştüğünü kabul eder, böylece tebdil-i hayat (hayatın halden hale girişine) ilmen inanır, hem de ölümün yokluk olduğunu söyler. Tezat.

İnsan, sürekli bir değişim içindedir: İnsan bir başka âlemde öldü, annesinin vücudunda dirildi. (Anne ölü gıdalar yiyor, hem de kendisi diri diri geziyor, bunu ölü gıdalara, kör tesadüfe, sağır tabiata verebilir misiniz?) Çocuk, adeta rahimde ölüyor, dünyada diriliyor, bir âlemden başka âleme geçiyor. Dünyaya gelen çocuk hava, su, süt gibi herşeyi hazır buluyor. İnsan organlarıyla kainatın uyum içinde çalışmasına bakınız, İlâhî nizama ilmen inanınız. Çocuk büyüyor, sürekli hareket, sürekli değişim. Organların birbirleriyle mütenasip büyüdüğüne dikkat ediniz. Ölen insan da dünya hayatından ahiret hayatına gider. Her insan, yüz sene evvel nerdeyse, yüz sene sonra orda olur. Dünyayı yaratan ahireti de yaratır. İnsanı dünyaya getiren, onu ahirete de götürür.

Sosyalistlerin ahireti inkar etmesi, suçluların sayısını artırmıştır. Vücudunun mimarını bilmeyen insan, içindeki kontrolü inkar edince, fırsat bulduğu her yerde şahsi menfaatine milli menfaati feda edip, rüşveti, yolsuzluğu ve egoizmi (bencilliği) çağdaş hale getirmiştir. Kapitalistler, onlardan daha iyi değil. Böylece dünya yaşanmaz bir hal almıştır. Şimdi Müslümanlar ya yeni dünyanın mimarı olacak veya sosyalist, kapitalist kıskacında tükenecekler.

İmansız insan yok, kimisi puta, kimisi Allah'a inanır.

İnançsızlık üzerine düşünceler

Gerçek mânâda inanan olacak ki, gerçek mânâda da inançsız olsun.

Bunun aksini de söyleyebiliriz. Sonuç şudur:

Firavun'un olduğu yerde Musa Aleyhisselam, Hazreti Muhammed sallallahu aleyhi ve vesselâmın olduğu yerde de Ebu Cehil vardır. Çünkü her şey zıddıyla bilinir.

Fakat bir kısım Müslümanlar, dinsizlerden, imansızlardan, inançsızlardan veya kafirlerden söz eder.

Acaba kendileri ne kadar dinidir? İmanı ne haldedir? Neye inanıyor? Kafirden kasıt nedir?

Müslümanla, İslâm kelimeleri aynı köktendir; "Müslüman, İslâmiyet'i yaşıyan" demektir. Bir başkasına "dinsiz" diyen, kendisi dine ne kadar bağlı, İslam'ı ne kadar yaşıyor?

İmam-ı Azam: "Ameller, imanın rüknü değildir" demeseydi, ibadeti, külli mânâda anlamayan Müslümanların hali dumandı.

İbadet etmeyen Müslüman ne kadar dine bağlı ise, sosyal ahlakı bozuk olmayan dinsiz de, dinsizliğe o kadar bağlıdır. yani her ikisi de taşıdığı sıfata sadık değil.

"İmansızlık" meselesine gelince, imanın alameti ibadetlerdir. Yani herkes imanı nisbetinde ibadet eder. Sabah namazına kalkamayan, imkanı olduğu halde borcunu ödemeyen, sözünde durmayan, maharetini, bilgisini artırmayan kimsenin imanı ne kadardır?

İmanlı kimse böyle olurken, imansız insan iyi hareketleriyle halk tarafından sevilirse, bunun sonu nereye varır?

"İnançsızlık" ise bambaşka bir mahiyet arz eder. Yani inançsız insan olmaz. Sosyalizme veya kapitalizme inanan insanların, İslâm'a inananların çoğundan daha gayretli daha fedakâr olduğu görülmüştür. Bir kız için gece-gündüz uykusunu terk eden yiğide inat, teheccüt namazına kalkan kaç delikanlı vardır?

Her gün kahveye gidenlere bakıp, her gün derse giden...

Sarhoşun içkiye verdiği parayı İslâm'a veren...

Kumarbazın, kumar masasında varını yoğunu tüketmesine rağmen her şeyini İslâm yolunda harcayan kaç mü'min bulunur?

Eğer İslâm inancında olanlar, diğer inançtaki insanlardan gayretsiz, merhametsiz, beceriksizse, yirmi birinci asırda bile taş devri mumla aranır.

* * *

Lügatlarda Müslüman olmayana kafir denebilir. Kafir: Örten, gizleyen, siyah, dinden çıkmış ve dinsiz manasına gelir.

İslâm tarihi boyunca Müslüman-Hıristiyan çatışması olduğundan, bazı kimseler, Hıristiyanlar'a kafir demiş.

Lâkin:

Bir Müslüman, Hıristiyanlar gibi yaşayarak, İslâmî gerçekleri göstermiyorsa...

İslâm'a ayna olmuyorsa...

Cehaletiyle, ilmin üzerine siyah mürekkep dökmüşse...

Bu haliyle gençlerin sapıtmasına sebepse...

O zaman kime kafir demeli? En iyisi, kafir kelimesini kullanmamalı!

* * *

Nasıl ki İslâmiyet'i farklı yaşayanlar varsa, inkarı da farklı yaşayanlar vardır.

Aslında her inkar, inkar ettiği şeyin varlığına delildir. Çünkü bir şey olacak ki inkar edilsin, olmayan şey inkar edilemez ki!

İnanmakla inanmamanın ortası yoktur. Bu babta "Tarafsızım" diyen, İslâm'dan yana değil.

İnanmayan, sadece Allah'ın sıfatlarına inanmamakla kalmıyor. Allah'ın gönderdiği dine de tabi olmayıp, kendine göre bir hayat (yaşama) biçimi ortaya koyuyor.

İnanan ise, Allah'ın sıfatlarını ne kadar biliyor?

İslâmiyet'i ne kadar yaşıyor?

Bu sebeple mü'min, havfla reca ortasında bulunur. Yani cennet ümidiyle, cehennem korkusunu yaşar.

Kafir, münafık, fasık, dinsiz, imansız ve inançsız kimseleri kendi dışında arıyan, böylece şahsi kemalata önem vermeyenler, şuurlu değildir.

Şuurlu Müslüman, kötü sıfatlardan uzaklaşandır.

Zaten ateistlerin (inançsızların) çokluğu, imanlıların İslâmiyet'i yeteri kadar yaşamamasındandır.

İslâmiyet, bir hayat (yaşama) tarzıdır. Hayatını İslâm'a uydurmayan, yaşadığı hayatın mensubudur. Bu bakımdan "Müslümanım" diyen çok dikkatli olmalı.

"İman, insanı insan eder, belki insanı sultan eder."

İman

Ahirete inanan kimse, ahireti dünya ölçüleriyle anlatırsa soruların sayısı artar.

Ahiretin de, dünya gibi bir âlem olduğu söylenebilir, dünyaya benzemez. Mesela çekirdeğin içinde ağaç vardır, fakat ağacı göstermek mümkün değil. Dünya çekirdek ise, ahiret kayısı ağacıdır. Bunların arasında ne kadar fark varsa, dünya ile ahiret arasında da o kadar fark vardır.

Dünya yumurta ise, ahiret civcivdir. Birbirlerine benzer tarafları yoktur.

Bir kısım rüyalar, ahireti anlatabilir. Yatakta yatarken bir başka alemde yaşamak... Mezarda yatarken, ahirette yaşamak. Bu cihetle, mezarlıklar patates tarlasına benzer.

Cennetteki hurileri, yemeyi, içmeyi dünyaya benzetmek yanlıştır. Herşeyden evvel, cennette hela, ateş, bıkmak, usanmak gibi şeyler yoktur.

Cehennemdeki ateşi de, sobadaki ateşe benzetmek yine yanlıştır. Evlat ateşi, hasret ateşi, iftira ateşi olduğu gibi, hastanın da ateşi vardır. Dünyada bu kadar çeşitli ateşi yaratan Allah, cehennemde öyle ateş yaratmıştır ki, hem azap verir, hem de yakıp tüketmez. Güneş ateşinin bitmemesi, insanın 37 derece ateşte sıhhat bulması, akla kapı açabilir.

Veliler, susabildikleri kadar susmuşlar. Riyazat bunun en bariz misalidir. Günlerce, haftalarca hiç kimseyle konuşmamak ve görüşmemek...

Velilerin ağzı ne kadar kapanıyorsa, hayatları, yaşama tarzları bir gül, bir çiçek gibi açılıyor, insan, o hayata hayran oluyor. İslami hayatı görünce, diğer hayat çeşitlerinin, gerçek hayata perde olduğu anlaşılıyor.

Delikanlılık devrimde, eskimez yazı olduğu için, Risale-i Nurları okuyamamıştım. Amma Said Nursi'nin hayatına hayran kalmıştım. Onun hayatı, eserlerinden güzeldi desem, yanlış olmaz.

"Helal dairesi, keyfe kafidir" derken hürriyet-i şer'i bütün letafetiyle ortaya çıkıyor. Gerçek hürriyet, İslâm'ı yaşamaktır. İslâm'ın dışında özgürlük aramaksa, dünya ve ahiret felaketlerine davetiye çıkarmaktır.

İnsan, iman, izan, ilim ve ibadetle diğer insanlardan ayrı bir mana ve mahiyet kazanır. Kumandana itaat ettiği gibi Allah'a itaat etmeye çalışır. İslam'ı öğrenip, anlayıp, yaşarken bu irtibat ve huzuru kaybetmez. Zaten mü'min, Allah için İslâm'ı yaşarsa başarılı olur. Bu duygu kayboldu mu, ibadet devam etmez.

İslâmi hayatta hem zevk, hem de güzellik vardır. Aynaya baktığımızda göz, kulak, burun, ağız gibi organların çok güzel tanzim ve tertip edildiğini göreceğiz. Her birinin güzelliği başka. Gözün ışıkla, kulağın sesle, burnun koku ile irtibatlı olmasındaki güzellik daha başka.

Hayalen çiçekleri, kelebekleri, mesire yerlerini dolaşın, işte bu güzellikleri yaratan Allah, İslâmiyet'i de güzel yaratmıştır. Ölçülü ve ahenkli yaşıyan bir Müslüman, gerçekten hayattan tat alır.

Adalet güzeldir. İnsanlara iş vermek, ilim öğretmek, iyilikte bulunmak güzeldir.

Esma-i hüsnanın güzellikleri, mü'minin hayatında gözükmelidir, gülsuyundaki gül kokusu gibi.

Nasıl ki bir kayısı ağacından 10 sene sonra yine kayısı alınırsa, bir Müslümandan da her zaman İslâm'a uygun söz işitmeli, İslâm'a uygun hal görülmelidir. Bu Müslümanın "emin" olmasıdır. Müslümandan kimseye zarar gelmemelidir. Müslüman "emanete riayet etmeli"dir. Din, mal, borç, iş ve organlarımızın hepsi emanettir. Emaneti, sahib-i hakikisinin istediği gibi kullanmak, O'na olan imanı gösterir. Böylece mü'min adetini ibadete çevirir. İbadet meleke haline gelir. İbadete aykırı birşey yaparsa, o zaman kalbi ve vicdanı rahatsız olur.

Kalb ve vicdan temizliğinden bahseden çoktur. Bunlar, bazı insanlarda içkili lokanta gibi, bazılarında da cami gibi temizdir. İçkili lokantanın fiziki temizliği içinde, haramların manevi kirliliği vardır. Cami ise maddeten ve manen temizdir. Kalb ve vicdanın temizliği de haramlardan rahatsız, helallerden de hoşnut olduğu ölçüdedir. Koyun yüreğindeki temizliğin sosyal hayatla ilgisi yoktur. Kalb ve vicdan temizliği, dünya ve ahireti cennet ettiği ölçüde vardır.

Nasıl ki acıkmak, sevinmek, üzülmek insanlığın müşterek vasfı ise, İMAN da öyledir. Nasılki acıkmamak mümkün değilse, imansız olmak da mümkün değildir.

Müslümanların "İmansız" demesi, o şahsın Müslümanca inanmadığını, akaidin dışına çıktığını gösterir. Yoksa, Allah'a inanmayan puta, Peygambere inanmayan Lenin'e inanabilir.

Böylece müsbet ve menfi iman ortaya çıkar. Müsbet iman, pozitif rakamlara benzerse, menfi iman da negatif rakamlara benzer, her ikisiyle de dört işlem yapılabilir.

Müsbet iman sahibi, Esma-i Hüsna'nın tecellisine bakar, kainatla irtibatlı olduğunu anlar, kainat nizamı içinde "İslâm nizamı"na tabi olarak bir bütünlük arz eder. Bu BÜTÜNLÜK huzur verir.

Sonra mazi ve istikbale, imanın dürbünüyle bakar. Herşey nizam içindeyken kendisinin nizamsız kalamayacağını anlar, mevcudatla beraber Allah'a itaat eder, o zaman yeryüzü bir kışla olur, Mü'min de kendini emniyette bilir.

Bu, öyle bir emniyettir ki, ölüm terhis teskeresi gibidir. Yeryüzü kışlasında vazifesi bitmiş, ahiret sarayına gidiyor. Allah'ın sıfatlarının devamlılığını bilip ve anladığı için, dünyanın varlığı gibi, ahiretin varlığına da inanır. Bir şehirden diğerine gider gibi, dünyadan ahirete gider. Çantasında (amel defterinde) sadece günahla sevap vardır.

Hafıza, amel defterine ne kadar benziyor, her ikisine de hayatımız yazılmış.

Çekirdeğe, ağacın her halini yazan Allah, çekirdek gibi olan amel defterine ve insanın her halini, her sözünü, her tavrını yazabilir.

Böylece mü'min hem kâinata, hem de kendi vücuduna bakarak, külli ve cüz'î nizamı içiçe yaşarken, kendisi de Nazım-ı mutlaka iman eder, insaniyet şerefini kazanır.

İman, ibadeti gerektirir. Mü'minin gayesi, hareketlerinin bütününü, ibadet içine almaktır. Her yerde tecelli eden Esma-i Hüsna'ya mukabil, külli ibadet gerektir.

En mühim ve insanlara en faydalı keramet, mü'minin İslâmiyet'i yaşamasıdır. İbadetler, hakikatler mecmuasının fihristi gibi görünürken, İslâmî hayat, hikmet âleminin haritasına benzer.

Ne var ki, kocaman güneşi içinde gösteren aynaya hafif dokunmakla, güneşi yansıtmazsa, İslâm'a ayna olan mü'mine de dokunanlar olur, o da İslâm'ı yaşamamaya başlar.

Mü'min müsbet imanda gerileyince, menfi imanda hamle yapanlar su yüzüne çıkar, mü'mine musallat olur, ta ki İslâm'ın gereğini anlasın diye. Herşey zıddıyla gelişir. Hiçbir şey nizam-ı kül'ün dışında kalamaz.

Şurası hiçbir zaman unutulmamalı ki Allah'ı inkâr eden münkirin bütün organları, Allah'a itaat etmektedir. Münkir, sözüyle, hareketiyle inkâra gider. Mü'min de sözüyle, hareketiyle imanda kalabilir. Bunun için mü'min, göz, ağız, el gibi maddi organlarını ve kin, iman, akıl gibi manevi organlarını tek tek İslâm'a tabi kılmak zorundadır. Aksi halde mü'minin vücudunda anarşi başlar. Aslında yalancılık kanser hastalığından daha az tehlike değildir amma, çoğu bilmez.

Neyi, niçin sevdiğini bilmeyen insan, manen hastadır.

İmanda pek çok mertebe bulunduğundan her insanın manevi rütbesi vardır. Rütbelerin derecesi mü'minin hareketlerinden azçok anlaşılır.

Nasıl ki mikroskopların, teleskopların, ilmin ve gözün gördüğü alemler varsa, basiretin ve imanın gördüğü alemleri de vardır. Bazan vicdanın veya kalbin başardığı işi çok zaman akıl başaramaz.

Fail, Alim, Hakim ve Kaadir olan Rab'bimiz, ATOM harfleriyle kainat kitabını yazmış. Bu kitabın bir forması insan ise, diğeri tabiattır. Şimdi sonbaharın gelmesi ile "Yeryüzü sahifesi" suya düşecek, bostanlar bozulacak, bağlar kuruyacak. Haşrin talimi yapılıyor: Sinekler yumurtalarına, kabaklar çekirdeklerine girip, kaybolacak. Her yumurta ve her çekirdek bir taput gibi kalacak. Yeryüzü cenazesi buzdan, kardan kefenini giyecek. çok manidar olan "Yeryüzü sahifesi silinecek.

İlkbahar gelince bu sahife tekrar yazılmaya başlanacak. Sinekler, bostanlar, bağlar aynen yerini alacak. Her bostan bir kazan olacak, orada bizim için en güzel yemekler pişecek. Biz de ölü gıdalar yeyip, diri diri gezeceğiz. Böylece herşey ölüp-ölüp dirilecek. Bunlar, öldükten sonra dirileceğimizin isbatıdır. Dirilince hayatımızın hesabını vereceğiz. Bu millet ahirete inansa rahat rahat günah işleyebilir mi? Günahsız dünya da bir nevi cennettir.

İman gözüyle baktığımızla- kainat kitabının katibi, erişilmez sanat eserlerinin sanatkarı, en güzel nakışların nakkaşı Allah'tır. Allah'a sıfatlarıyla inanabilsek, ahirete, peygamberlere, meleklere, kadere, kitaplara inanmak kolaylaşır.

Diyorlar ki; "Biz Allah'a inanıyoruz, neden sık sık bunu yazıp bunu anlatıyorsun?"

Hem imanda pek çok mertebe vardır, hem de gerçek manada Allah'a inananların hali, vatanı, milleti, medeniyeti böyle olmaz. Nasıl olacağını tarih anlatıyor.

İman bir bütündür, cüzlere ayrılmaz. vahye dayalı herşeye inanmak lazım. Bir hususu iyi anlamak için müzakere etmek başka, inkar daha başkadır.

Avam için "İmanın şartı altıdır" diyerek, nirengi noktaları gösterilmiş. Amma Allah'a inanmak, ayetlerin, hadislerin bütününe inanmayı beraberinde getirir. Çünkü vahiy, Allah'ın lütfudur.

Hıristiyanlar da Allah'a inanır fakat sıfatlarında hata ederler. Bunun için iman-ı billah'tan sonra Allah'ı sıfatlarıyla öğrenmek gerekir. Allah'ı sadece sıfatlarıyla öğrenebiliriz, başta türlü öğrenmek mümkün değildir.

Allah'ı sıfatlarıyla öğrenince diğerlerine inanmak kolaylaşır. Meselâ Allah'ın İlim, Sani, Kudret sıfatlarını iyi anlamışsak, bu sıfatlara sahip olan Allah, Kitap ve Peygamber gönderebilir.

Allah'ın Hayat sıfatını anlamışsak ve bu hayat sıfatının herşeyi kuşattığını kavramışsak, ölen adamın "hayatsız" kalamayacağını, bir hayat şeklinden diğerine geçtiğini biliriz. Ağacın çekirdek, çekirdeğin ağaç olması gibi.

Melekler ise ruhumuza benzeyen ruhani varlıklardır. Ruhunun varlığına inanan, meleklere de inanır.

Allah'ın kâinattaki tasarrufuna "Kader" denir. Herşey kaderini yaşar. Hiçbir şey kaderin dışında kalamaz. Sadece insan ihtiyar sahibi bir mahluk olduğundan SEÇME hakkına sahiptir ki buna "irade-i cüz'iye" denir. İslâm'a aykırı şeyleri seçen mesuldür. İslâm'a uygun şeyleri seçen ise, iyilikleri seçmiştir, bu iyiliklerin İslâm'a ait olduğunu bilir ve Allah'a şükreder.

İslâm'a aykırı halleri, sözleri seçip kötü yola düşen "Kaderim budur" diyemez. Çünkü kötülüğü isteyen kendisidir. Diğer arkadaşı iyi yola gittiği gibi kendisi de gidebilirdi. Kaderde zorlama yoktur, bilmek vardır. Allah herşeyi bilir fakat kötü yola zorlamaz. Tam tersine Kur'an'la, Peygamberle, evliya ile kullarını iyi yola sevk etmektedir.

Tövbe kapısı açık olduğundan herkes, her zaman ve her yerde, kötülüklerden iyiliğe dönebilir ki bu, kaderin değişeceğini göstermektedir. Her yeni hal, yine kaderdir.

Dindar kimse de gafletle harama girebilir. Böylece insan, her an, cennetle cehennemin yol kavşağındadır, seçme hakkı kendine aittir.

Bunun için "hayır da, şer de Allah'tandır" denir. Yani alkolü yaratan da, Kur'an'ı gönderen de Allah'tır. O, yaratmış. SEÇME işini kullarına bırakmış. Amma Rahman ve Rahim olduğu için Kur'an ve Peygamber göndererek iyi yolu göstermiş. Buna rağmen kul, cehenneme gitmekte ısrar ederse, kaderi suçlamaya hakkı yoktur. Çünkü gittiği yolu kendisi seçmeştir.

Görülüyor ki Allah'ın sıfatlarını iyi anlamak, herşeyi anlamak manasına geliyor. Allah Vahid'iyet sıfatı ile tecelli edip insanların bütününü yaratmış. Bunun için herkesin organları, hem birbirine benzer, hem de aynı yerdedir. Kalbin göğüste olması gibi. Ehad'iyet sıfatıyla tecelli etmiş bir insanı yaratmış. Tekrar Vahid'iyet sıfatıyla bütün organları, tekrar Ehad'iyet sıfatıyla bir hücreyi ve o hücrenin en küçük parçası olan atomu yaratmış. Bu, böyle devam eder. Yani birşeyde Allah'ın birçok sıfatları birden tecelli eder, sıfatlar, içiçe çalışır. Bunun için maddi ve manevi varlıkların bütünü Allah'ın eseridir, hepsi ona itaat eder. İsyan edenler ise sadece gafil ve kafirlerdir. Onların da bütün zerratı, yine Allah'a itaat etmektedir.

Mü'min "la ilâhe illallah" der. Yani "Allah'tan başka ilah yoktur" Yani, "Nefsime değil, Allah'a itaat edeceğim..."

La ilahe illallah: Nefsime, modaya, kötü arkadaşa uymayacağım, İslâm'a uyacağım.

La ilahe illallah: Cemiyeti putlaştırmayacağım, bozuk cemiyette de İslâm'a uyup, iyi olacağım...

La ilahe illallah: Herşeyi yaratan, besleyen, yaşatan ve öldüren Allah'tır. Her yerde tecelli eden sıfatlarına mukabil, her yerde O'na ibadet edeceğim. Camide melek gibi davranıp, Beyoğlu'nda şeytan olmayacağım.

Kalbimi çalıştıran, kanımı damarlarımda dolaştıran Allah'ın hakimiyetini anlayıp, her yerde O'na itaat edeceğim.

* * *

Allah, kendisine nasıl itaat edileceğini Peygamberleriyle bildirmiştir. Öyle ise sünnet-i seniyyeye tabi olmak, Allah'a itaat etmek demektir.

İslâm âlimleri ve hocalar Sünnet-i seniyyeyi bize talim ettiren kimselerdir. Böylece Müslümanlar orduya benzer: Mevkiler, makamlar ve rütbeler vardır, herkesin vazifesi İslâm'ı talim edip, öğrenip, yaşamaktır. Allah'a (gerçek mânâda) iman da budur. Çok dikkat etmeli çünkü imanda çok mertebeler vardır.

Denizlerde bazan büyük dalgalar olur, bunlar da büyük hadiselere sebebiyet verebilir.

Yeryüzü ise, her zaman dalgalıdır ve sürekli felaket vardır: Trafik kazaları, yangınlar, deprem, hastalık, kavgalar vesaire...

Mü'min, İMAN gözü ile bunlara baktığında hiçbir şeyin başıboş olmadığını görür. Karışık hallerin, bir nizam içinde yürüdüğünü anlar. Kendisi de İslâm nizamına tabi olur, her halini, her sözünü İslâm'a uydurarak "külli bir ibadet" eder. Adetini ibadete çevirir.

Nasıl ki fırtına çıktığında gemiler, limana sığınır. Felaketler karşısında mü'min de Allah'a iltica ve tevekkül eder.

İslâm'ı yaşamayanın tevekkülü yoktur.

Hayat denizinin limanı İslâmiyettir. Sünnet-i seniyye kalesine giren kurtulur.

Mü'min bilir ki din düşmanları dahi, mü'minin inkişafı ve kemalatı için vardır. Zira, ilkbaharda gökyüzünün siyah bulutlarla dolması, şimşek çakıp,yıldırım düşmesi ve yağmurların yağması, yeryüzünde yeşil yaprakların, renk renk çiçeklerin açılmasına, hasat mevsiminin gelmesine işarettir.

Zıtlar, birbirinin inkişafına hizmet ederken, mü'min her hadise karşısında durup, kendine şu soruyu sormalıdır:

– Rab'bim, bununla benden ne istiyor?

Zira her hadise bir İKAZ'dır.

Allah'ın Rab sıfatı iki şekilde tecelli ediyor: Biri her şeyi ölçülü ve ahenkli yaratmasıdır. Kavak ağacının yaprağı başka, cevizinki daha başka... Kedi aslan kadar büyüyemez, rüzgarlar istediği hızda esemez, depremler belli ölçüde sarsıntı yapar...

Mü'min, her şeydeki ölçü ve ahengi bilir, ÖLÇÜLÜ HARE-

KET ETME'ye çalışır. Böylece hayatı bir nizam içine girer.

Her şeyin ifratından kaçmak gerektiği gibi, fazla sevinmekten, fazla üzülmekten de kaçınır. Böylece, hayatın med ve cezrine tabi olmaz. Hadiselerin elinde oyuncak olmaktan kurtulur, Kendini idare etmeye başlar.

Rab sıfatının ikinci manası, terbiye etmektir. Mürebbi de aynı kökten gelir.

Rabbimiz, insanları İslâmiyetle terbiye eder. En güzel terbiye ve nezaket ölçüleri İslâmiyettedir. Her milletin kendine has bir terbiye sistemi vardır. İslâm terbiyesinden ayrılan, bir başka terbiye sistemi içine girer ki, İslâmiyette bunun manası terbiyesizliktir.

Eğer bugünkü beşeri sistemlerde TERBİYE adına bir şey varsa bunlar yine İslâm'a aittir. Amma İslâmî terbiye ile Fransız terbiyesini birbirine karıştırmak tehlikelidir. Bazan terbiyeli, bazan terbiyesiz olma gibi bir sonuç verir ki, insanlar şaşırır, güven kalmaz, zarar büyük olur.

Terbiye, AHLÂK olarak da kendini gösterir. Mü'min Kur'an ahlâkı ile ahlaklanmak gerektiğine iman eder.

Ahlâklı insanların çeşitli sebeplerle dar dairede, mevzii bir hayat yaşaması, kötülerin ortalıkta cirit oynaması, insanlık adına büyük bir talihsizliktir.

Mü'min, İslâm'dan nizam alır, aleme nizam vermeye çalışır. Kötüler kadar gayretli olmayan mü'min, hazinesini toprağa gömen zengin gibidir.

İman cesarettir. Çünkü mü'min için ZARAR diye bir şey yoktur. Mü'min ölürse şehid, malına zarar gelirse, sadaka hükmüne geçer.

Sonra, Allah'ın hakimiyetine bakar, insanların durumunu gözden geçirir anlar ki, ağlamak da, gülmek de "külli nizam"ın içinde yer alan "ferdi haller"dir. Fert zannettiği kadar bağımsız ve hür değildir. Özgürlük isteği de ekseriya günah alemi içindir.

Madem Hakim-i mutlak Allah'tır, kul, dua ile ihtiyacını O'ndan ister. Dua da dille ve halle yapılır. Tabibe giden mü'min bu hareketiyle der ki "Ya Şafi-i kerim, şifa ver."

Sonra kalbini çalıştıran, kanını damarlarında dolaştıran Allah'a dil ile (hatta gönül dili ile) dua eder: "Rabbim, beni rızana muvafık noktada bulundur."

Bilir ki bu duasını işiten, bilen var. Ölü gıdaları vücudumuzda dirilten, bizi hücre hücre yaratan ve yaşatan, her sözümüzü duyuyor, her halimizi biliyor.

Dua, OLABİLİR'lik içinde yapılmalıdır. "Ya Rab, beni af et" diyen, bazı günahlarını terk etmelidir ki, duasında samimi olsun.

Fakat Allah, Rahman ve Rahim olduğu için her duayı kabul buyurur. Evvela dua eden bir mü'mindir. Saniyen, Allah Rahman'dır, duayı bizim için en faydalı şekilde kabul eder. Mesela mü'min sıhhat ister, Allah ona bir hastalık verir, bu hastalıkda onu bir sürü günahlardan korur. Aslında mü'minin asıl isteği de budur ve bu olmalı. Çünkü günah işleyen kimse, su alan gemiye benzer, batıyor.

Kapitalizm de, sosyalizm de, İslâm'ın dışındaki sistemlerdir. Bir kısım kimselerin para kazanması, zengin olması ve yaşayışı kapitalistçe olduğu halde, sosyalizmi benimserdi. Bu hususu çok merak ettim, yaptığım araştırmalarda anladım ki, bunlar, kapitalistlerin "Hıristiyan" olmasından rahatsız olup, sosyalizme kaymışlar. Demek ki, İslâmiyet'te tutunamayanlar, kapitalizme de razı olmayıp, dinsizliğe kadar gidiyorlar.

Dinsizliği seçmelerinin sebebi, eğlencede, zevkte özgür kalmak içindir. Dinlerin HARAM'ından kurtulmak için, dinsizliğe kayıyorlar. Olara göre dinsizlik, günah işlemekte serbest olmaktır.

Bu serbestlik fazla sürmez, kötü alışkanlıklar başlar. Kimisi içkiye, kimisi uyuşturucuya, kimisi kumara alışır. Her gün camiye gidemeyen, her gün meyhaneye, kulübe gitmeye başlar. Dinin emirlerinden kaçan, haramların emrine girer.

İşte iman, Mü'mini kötü alışkanlıklarından korur. Haramların getirdiği bazı hastalıklardan, kötü ahlaktan, geçimsizlikten, itibarsızlıktan korur.

İman, insanı din düşmanlarına yardım etmekten çekip, dine yardım edenlere yardımcı kılar.

İman, insanı "insan" eder, belki insanı sultan eder.

Müsbet imana sahip olmıyan, menfi imana sahip olarak, mantığını da ters çalıştırır. Mesela başka alem olmadığını, herşeyin burada biteceğini iddia eder. İyi bir araştırıcı olduğunu da söyler. Amma mikroskopların, teleskopların, ilmin, gözün, hayalin gördüğü alemleri hesaba katıp, araştırmasına devam etmez. Hem araştırıcıdır, hem de araştırmadan, sormadan, öğrenmeden, geldiği ve gideceği âlemleri inkâr etmektedir. İşte müsbet imanı terk eden insan, müsbet mantığı da terk eder. Ahirete inanmadığı kadar, dünyaya inanır. Herşeyini dünyaya verir. Bakar ki gençliği, akrabaları, malı, dostları gidiyor. Bu gidenler, ona öyle ıstırap verir ki, sevdiği dünya başına bela olur. İçki kumar gibi dünyalara dalıp, "unutulmak" ister. Çok akıllı adam, aklını karartmaya çalışır. Çünkü menfi iman, aklı menfi yönde çalıştırmış, o akıl da, ona zararlı olmuştur.

Bu zararlı akıl "Allah" kelamının yerine "tabiat, doğa" gibi ibareleri yerleştirmeye çalışır. "Tabiat kanunları" denen "şeriat-ı fıtrî'yle, şeriat-ı kevniyi inkara kalkışır. Allah'ın koyduğu kanunlarla Allah'ı inkar edecek kadar, ilme ve mantığa ters düşer. Allah'ın verdiği beyinle, Allah'a isyan eder. Bu isyankarlığı, hayatın her safhasında gözükür.

İnsanın önünde yücelmek ve alçalmak gibi iki yol vardır. İnsan müsbet iman (akaid) ile Ebu Bekir Sıddık makamına yükselirken, menfi iman ile Firavun, Nemrud seviyesine düşer.

Ne var ki insan, fiziki yönden her zaman insandır. Alâ makamla edna makam manevi olduğundan insanlar aldanır. Bunun için velilere itaat edenler olduğu gibi Firavunlara itaat edenler de vardır. Bazan Firavunlara iteat edenler "menfi iteat"in zirvesine yükseldiğinden, İslâm'a lakayıt kalanlara hükmetmiştir. O zaman hakkın firavun tarafında olduğu zannedilmiş, kuvvetli olan haklı bilinmiş.

Halbuki haklı olan, her zaman kuvvetlidir. Amma Hak'ka inananlar, inandıkları gibi yaşamazsa, yaşadıkları gibi inanırlar, bu sefer menfi bir iman ortaya çıkar, menfi bir hayat kurulur, bu hayat, İslâmî hayata, hayat hakkı tanımaz.

Bunun için, menfi güçlerden şikayet eden Müslüman, Müslümanların İslâmiyet'i yaşamadığını da anlamalıdır.

İlahi kanunların tatbik edilmediğini anlatan Mü'min, İlahi kanunların yaşanmadığını da bilmelidir. Zira İslâm yaşansa, o herşeyiyle gelmiş demektir.

İslâmı yaşayamayan insanların, İslâm'ı istemesi zaaf-ı imandır.

Peygamberimizde ve Sahabe-i kiramda İslâm bir bütün olarak gözükmüş. Şimdi öğretimin ve anlatımın kolaylığı için İman, ibadet, İslâm iktisadı, İslâm siyaseti gibi dallar ihdas ediliyor. Aslında bunların hepsi birden yaşanır. Bir Mü'minin, İslâm siyasetiyle meşgul olup, İslâm iktisadını (muamelatı) ihmal etmesi, felakettir. Aksi de öyledir.

Fert, kendi imanının gücünü, ibadetlerinden anlıyabilir. Menfi imana sahip bir sosyalist, batıl davası için soygunlar yapıp, adam öldürüp, 30 sene hapis yatabilirken, Mü'min dinine ne kadar hizmet etmiştir?

Kahveye, meyhaneye, bara gidenlere bakmalı, kumar oynayanın fedakarlığını düşünüp, menfi imanın insana neler yaptırdığı anlaşıldıktan sonra, müsbet iman ile insan ne yapacağına karar verip, kendini tahlil etmeli, kendi hakkında kararını vermelidir. Çünkü herşey, zıddıyla bilinir.

Sebepler, Allah'ın sıfatlarına perde olunca, Müslümanlarla İslâmiyet arasına da birçok maniler giriyor. O zaman "Allah" diyen mü'min ne kendisini, ne de Rabbini (gerçek manada) biliyor. İslâmiyet'i de bilmeyince ortaya melez bir kültür çıkıyor: Biraz Avrupa, biraz Asya... Biraz günah, biraz sevap...

Ameliyat olan hasta, operatörü görüp, yarayı iyileştireni görmezse... Eczacıyı görüp, ilacın ham maddesini ve formülünü yaratını bilmezse, sebepleri görüp, onları yaratan Şafi-i Kerimi görmezse, basireti kördür.

Hacca giden bir şahıs, Kâbe'nin karşısında öyle vecde gelmiş ki:

– Rab'bimin her emrini yerine getireceğim, diye ahd-ı peyman etmiş.

Türkiye'ye geldiğinde, hanımı karşılamış. İyi amma kadıncağız açık. Adamcağız da "Rab'bimin her emrini yerine getireceğim" diye söz vermişti...

Uzatmayalım, kapanırsın, kapanmam diye aylarca tartışmışlar.

Şimdi burada işin can alıcı noktası şu: "Rab'bimin her emrini yerine getireceğim" diyen şahıs, tefsir, hadis, siyer okumuyor, âlimlerin sohbetlerine devam etmiyor, hanımını örterse her iş hal olacak sanıyor.

Elbette hanımların örtünmesi lazım amma İslâmiyet bu kadar değil ki... İşte "Allah" diyen "Rab" diyen hem Esma-i İlahi'yi yeterince bilmiyor, hem de İslâmiyeti. Böylece Müslümanlarla İslâmiyet arasına maniler giriyor, bu ikisi bir birine ulaşamayınca İslâmiyet Müslümansız, Müslümanlar da İslâmiyetsiz kalıyor.

Mü'min inanmış, Müslüman da İslâmı yaşıyan demektir. Bugün "Müslüman" dediğimiz kimselerin ekserisi "mü'min"dir.

İslâm ülkelerinde doğan çocuk, ebeveyninden mal-mülk gibi dini de miras olarak alıyor. Yani ebeveyni Müslüman olduğu için, o da Müslüman.

Buna "taklid-i iman" denir. Taklid-i iman her zaman kurtarıcı olamaz.

Anarşinin hızlı zamanlarında, bir genç, camiden çıkan cemaate ters ters bakıyor. Onu tanıyanlardan biri laf atıyor. Anarşist de en kaba küfürlerle, hatta kafirce sövüyor. Papuç pahalı çıkınca, cemaat "Şeytana rastlamaktansa, çalıyı dolaşmak" iyidir gibilerinden, sessiz sedasız uzaklaşmaya çalışıyor. Oradan geçen bir sarhoş: "Sen nasıl benim dinime, imanıma söversin" diye adama saldırıyor.

Tablo şu: Bir Müslüman çocuğu, yabancı ideolojiyi benimseyince, camiye, cemaate düşman olmuş. cemaat ise dinini muhafaza edecek durumda değil. Dini muhafaza etmek isteyen de sarhoş.

Bu kadar karışık bir tablo, Müslümanların İslâmiyet'i bilmediğini gösterir.

Suyu baştan kesmişler. Bunun için Tuba ağacı hükmünde olan müslümanlar, ibadet meyvelerini dökmüş, sarı, siyah, kırmızı yaprakların sayısı artmış, insanlık, yeşile hasret kalmış.

Perdeler çok önemlidir: Muhteşem bir camiyi görmek, alimin ilmini görmemek perdedir.

Harem-i Şerif'in, Mescid-i Nebi'nin mermer sütunlarını, kubbelerini, göz alıcı boyalarını, yaldızlarını görüp, sünnet-i seniyyeden habersiz kalmak, perdelerin kalınlığını gösterir.

Hastalığı görüp, murad-ı İlahi'yi görmemek...

Cenazeyi görüp, Yuhyi ve Yumid olanı bilmemek, gaflet perdesinin kendisidir.

Bu "perdeler" o kadar ileri gider ki, kalbimize asmamız gereken (Besmele gibi) levhaları hep duvarlara asarız.

Kök kapısından gübreler girip, dallarda meyve ve sebze oluyor. Gübrelerin dirildiği alemde, öldükten sonra dirilmeyeceğini sanan insan gübreden daha haysiyetsiz duruma düşmüştür.

Ölü gıdaları yeyip, diri gezen, ölülerin dirilmiyeceğini iddia ediyorsa, perdeyi yüzüne çekmiştir.

Bir domatesi, fabrikalar yapamazken, domatesi topraktan bilmek, hiçbir şey bilmemektir.

Rızkı görüp, Rezzak'ı görmemek, gözlükle tedavi edilecek hastalık değildir.

Bu misaller şunu açıkça ortaya koyar ki: İman-ilim ve ibadet, bir bütün olarak Müslümanda gözükünce istenilen neticeye ulaşılır.

İslâmî ilimler çok önemlidir, kadına da erkeğe de farzdır. İlim olmasa veya noksan olsa imandan beklenen sonuç alınamaz. Özellikle her mü'minin fıkıh bilmesi lazım. Buna da ilmihalden başlanabilir.

Gözle görülmeyen, elle tutulmayan ruh, organlarımızın bütününü çalıştırır. Psikoloji, ruhu değil, ruhun yaptığı işleri anlatır.

Ruh

Taş, demir gibi şeyler cansızdır amma hayatsız değil. Taşlar ufalanır kum olur, kumlar da toprak olunca, sebze ve meyva şeklinde dirilir.

Demir pas halinde toprağa karışınca, bitkilere gıdadır.

Cansız cisimlerin bir kısmı, canlılara can katınca, biyolojik yönden hayattar olduğu kabul edilir.

Kimya ise herşeyde hareket olduğunu söyler ki, hareket de hayata delildir.

Kimyaya göre herşey atomdan yaratılmıştır, atomlarda da elektron hareketi vardır. Öyleyse camda, tasta, tahtada, plastikte hareket var, bu da hayattır.

İnsanın en küçük parçası hücre değil atomdur. Vücudumuzda 16 element kullanılmıştır. Bu bakımdan vücudumuz bir maden yığınıdır. Bir başka açıdan bakarsak toprak! Zira vücut yapımız, toprağın yapısına uygundur.

En küçük parçamız atom olduğuna göre, atomu tanzim ve tertip eden kimdir? İlk yörüngesine ikiden fazla elektron yerleştirebilir misiniz? Elektronlara hareket veren kim?

Demek ki mikroskoplarla gözükmeyen en küçük parçalarımızla Allah meşgul oluyor. Bu Allah'tan hangi hareketimizi, hangi sözümüzü gizliyebiliriz?

Ölmüş insanın elinde, gözünde, beyninde biyolojik bir değişiklik olmaz. Amma hareket de edemez; göremez, düşünemez, çünkü ruh ayrılmıştır. Ayrılan ruhu döndürmek mümkün değil. Tıp, ölmüş insanı diriltemiyor. Öyleyse insana ruh veren kim?

Ruh, vücudumuzun her yerini kuşatmıştır. Ruhu veren, onu organlarımıza hakim kılan, hangi organımızla ne yaptığımızı bilmez mi?

Psikoloji, ruhun yaptığı işleri anlatır. Ruhun yaptığı işlere inanıp, ruha inanmamak... Ruha inanıp, ruhu vereni bilmemek.. Ruhu vereni bilip, O'na itaat etmemek, insan için ters şeyler değil mi?

Hep ölü gıdalar yiyoruz, canlı canlı geziyoruz.

Ölü gıdalar hayatsız değil, bu bakımdan onlar, bir hayat şekilden, diğerine geçiyor. Herşey ölüp ölüp diriliyor. Gübreler bile kök kapısından girip, dallarda çiçek, meyve ve sebze oluyor, renk renk, koku koku, desen desen diriliyor.

Herşeyi öldürüp, dirilten Allah, insanların da dirileceğini, hayatının hesabını vereceğini açıkça, fiilen gösteriyor. Zaten yüz sene evvel nerdeydikse, yüz sene sonra da orada olacağız.

Evet cansız cisimler vardır, hayatsız varlık yoktur. Allah'ın Hayat sıfatı herşeyi kuşattığından hayatsız birşey olamaz!

Ölmüş insan cansızdır fakat hayattardır.

Anne baba ölü gıdalar yer, canlı bir çocuğa sahip olur. İnsan böylece hayat kademeleri (çeşitleri) üzerinde devam eder. Öyleyse ölüm, bir hayat şeklinden diğerine geçmektir.

Allah'ın sıfatları hem herşeyi kuşatır, hem de sonsuzdur. Kainat (evren) bu sıfatların içinde kaldığı gibi, sıfatlar, kainatı aşar ve sonsuza gider.

Madem ki herşey sıfatların tecellisidir, öyle ise, kainatı aşan sıfatların sahibi Allah (c.c.) yeni yeni birşeyler yaratamaz mı? Yeni yeni alemler kuramaz mı? Biz o âlemlere hayat diyemez miyiz?

Bu âlemi kuran elbette başka âlemler de kurar. Bizi bir başka âlemden buraya getiren Allah, bizi başka âleme de götürür, o âlemde hayatımızın hesabını sorar.

Teybler, kameralar hep madendir. Bunlarla sesimiz alınıp, hayatımız tesbit edilirken... Herşeyi yaratan, madenlere hayat veren, cihazları yapanları yaratan Allah seslerimizi tesbit edip, bir başka alemde bize dinletemez mi? Hayatımızı tesbit edip, ahirette bize gösteremez mi?

Hayat ve ruh doğrudan doğruya Allah'la irtibatlı, insan, hangi fiilini Allah'tan gizleyebilir?

Kainat ne kadar büyük, insan ne kadar küçük?

Ve, insan ne kadar cılız?

Fakat kötü insan dünyayı başımıza cehennem ediyor, bunun için ona cehennem gerektir!

Hâlâ elektriğin, mıknatısın, ruhun, elektronun mahiyeti bilinmiyor. Bunlar yaptığı işlerle kendilerini belli ederler.

Görünmeyen güç

Gencecik delikanlı vefat etmişti. Onu morgda gördüm, sonra gasıl, kefenleme ve defin işlerinde bulundum.

Ona baktım baktım düşündüm: Gözünde, kulağında, elinde ve ayağında hiç değişiklik olmamıştı. Fakat göremiyor, işitemiyor ve yürüyemiyordu. Her organı yerli yerinde fakat çalışmıyordu.

Ayrıca bu genç, atlar, zıplardı. Gereğinde sırtına 50 kilo da yük alıp taşırdı. Şimdi bırakın yük taşımasını, kendisini taşımaya 4 kişi gerek.

Ruh, görünmeyen bir güç. İnsan kendi ruhunu göremiyor, onu eliyle tutamıyor. Bu görünmeyen ruh, problem çözüyor, renkleri ayırıyor, aletler, cihazlar yapıyor.

Görmediğine inanmayan insanlar, her şeyden evvel kendi ruhlarının varlığına da inanmamalı.

Psikoloji, ruhu değil, ruhun yaptığı işleri anlatıyor. Ruhun yaptığı işleri kabul edelim, İLİM olarak onu ele alalım fakat ruhun varlığına inanmayalım, bu nasıl mantık?

Materyalizmle, spiritüalizmi de bu açıdan ele almak lazım.

Materyalizm, ruhu, maneviyatçılığı inkar ederken, Allah'ın sıfatlarını da maddeye vermekten çekinmez.

Aslında materyalizmle, spiritüalizm, ruhla ceset misali bir

bütün olarak ele alınırsa problem çözülebilir.

Şimdi sizlere, bu konuyla ilgili Mahmut Kirazlı'nın yazdığı bir şiiri takdim edeceğim:

Deveyi Taşıyan Nerde?

Bir deve kervanı yolda giderken,
Mola verilmişti,
Yolculuk bu ya:
Gidilir, durulur,
Konar, göçülür,
Zaten bu alemde her şey yolcu ya!..
HAKİKATTE, ZAMAN, MEKAN GEÇİLİR...

* * *

Derken bir dinlenme sonunda yine,
Devam edilecek; kalktı kafile,
Fakat kervan başını bir telaş aldı,
Zira hecinin biri yola kalkmadı...
Çöktüğü yerden kımıldamıyor,
Vursan bile tüyü kıpırdamıyor...

Toplandı başına kervan erkanı...
Üzerinde yükü bin kilo kadar,
Kendi ağırlığı da bir o kadar,
Tüyleri sımsıcak ve yapı tamam,
Mutlak sükûnet var ki anlatamam:
"Sabit bir noktaya dikmiş gözünü..."
Kervan başının dinle sözünü:

"Biraz evvel devem dipdiri idi,
Yükünü, kendi taşır, giderdi...
Ruhu mu, canı mı, nereye aktı?

Cesedi, kalıbı bomboş bıraktı.
Kafam çatlayacak, bu ani derde:
YÜKÜ VE DEVEYİ TAŞIYAN NERDE?"

Allah, kafatasımızın içine insan beyni değil de dana beyni koysaydı Yirminci Asır medeniyeti olmazdı.

Beynin devr-i âlemi

Fiziki açıdan baktığımızda çeşitli varlıklar görürüz. Bu varlıklar, YOKLUK'un olmadığını gösterir. Çünkü Allah'ın sıfatları herşeyi kuşatmıştır. Her şey, Allah'ın sıfatlarına aynadır. Varlıklardan sıfatları görmek, çemberden merkeze doğru ilmî seyahattir.

Biyoloji açısından bakınca HAYAT görülür. Taşın kum, kumun toprak olması ve topraktan da sebzelerin, meyvaların yaratılması, cansız zannettiğimiz taşların bile hayattar olduğuna delildir. Çünkü Allah'ın hayat sıfatı dünya ve ahireti içine alır, onun dışında varlık düşünülemez. Madem HAYAT sıfatının dışında varlık yok, öyle ise ÖLÜ, bir çeşit hayattan, diğerine geçmiştir. Yumurtadan civciv, çekirdekten ağaç olması gibi.

Bir de MANA vardır. Madem, insan konuşan bir mahluktur. Öyle ise manalar kelimelerin sırtına binip gider. Bu da KÜLTÜR'dür.

Kültürün objektif ve sübjektif yönleri var. Bu haliyle kültür aysberge benzer? Büyük kısmı iç dünyamızda iken, küçük kısmı da cemiyet hayatında gözükür.

Özetlersek: Cami fiziki bir cisimdir insan biyolojik bir mahluk, ibadet bunlara bir mânâ verir, İslâm kültürü filizlenir.

Kültür ferdi hayatta başlar, kültürlü insanların artması ile içtimai kültür şekillenir.

İçtimai kültür kendine hedefler seçince ideolojiye döner.

Kültürün pasif ve aktif yönü varken, ideoloji her zaman aktiftir.

Mesela: Müşteşrikin İslâmî kültürü pasif iken, Müslümanın ki aktiftir. Bu aktiflik AMEL hudutları içinde kaldıkça makbul sayılır.

Bazan kültürsüz insanlar, tayin ettikleri hedeflere yürürken ideolojik bir hareket doğar. Bu hal, her zaman insanlığın zararına olmuştur.

Bazan da Müslümanlar, İslâm dışı kültürle, İslâmî hedeflere varmak isterler. Taksinin tekerini traktöre takmak gibi.

Hele kültürlü insanların, kültürsüzlerle ideolojik bir harekete kalkışması, tavuğun ördek civcivlerine analık etmesi gibi bir şeydir.

Kültür, amelle bütünleşirse kemale erer. Aksi halde hamlık devresini yaşar.

Mezhepler, cemaatler kültür kümelerini teşkil ederken, bunların amelde bütünleşmesi mümkündür.

Kültür, amel ve ideoloji, halk içinde ne kadar yaygınsa, o kadar elit tabaka üstün olur.

Elit tabakanın üstünlüğü İDEAL planda kendini gösterir, orada AKIL, İslâm'ı anlamak için vardır.

Akıl ile İslâm bütünleşince HAKİKAT tecelli eder.

Hakikate teslim olan insanlık fiziki ve biyolojik değerlerin üstünde bir mânâ kazanır ki, o da İNSANİYET'tir.

Gerçi her Müslümanın İNSANİYET yönü ağır basmalıdır amma, insaniyetini yitirmiş Müslümanlara rastladıkça, bunların akılları, İslâmî dairenin dışında olduğu hemen anlaşılır. Kumarbazlarda ve ayyaşlarda olduğu gibi.

İman ve ihlas gibi değerler, subjektif âlemin mallarıdır. Bunlar dünya gözü ile görülmez ve bilinmez. Amma topraktaki tohum, verdiği filizle mahiyetini gösterdiği gibi, iman da, insanın hareketleriyle kendini belli eder.

İmanın da zıddı vardır. Müsbet iman, menfi iman gibi. Akaid çerçevesi içinde kalan iman ne kadar müsbet ise, İslâm dışı şeylere malını ve hayatını verenin imanı da o kadar menfidir. Yani her tohum filiz verir ama buğday ile diken bir değildir.

Teferruattan ESAS'a gidilecek olursa kainatın bir makina gibi çalıştığını, herşeyin birbiri ile irtibatlı olduğunu insan görür ve kendini bu makinanın her parçası bilerek, mevcudatla beraber, YARADAN'a itaat eder ve kurtulur.

Münkir, organlarına dikkat etse organlarının itaat ettiği Makam'a kendisi de itaat edip, yine kurtulabilir.

Burada, menfi kültür ile müsbet kültür kendini gösterir. Dalamber, Diderot, Niçe ve Volter gibi kimselerde menfi kültür var iken, spirtualist ve Müslüman kimselerde de müsbet kültür kendini gösterir. Müsbet kültüre sahip olanlar az ise, insanlar kan ağlar. Sosyalist ve kapitalist ideolojilerde olduğu gibi.

Beyin, sonsuz fikir üreten, bu fikirlerin doğruluk-yanlışlık yönünü tayin edemeyen bir organdır. Bunun için İslâm'a ters düşen felsefe dalalettedir (Felsefe tarihinde örnekler vardır.)

İslâmiyet ise "insan beyni"ne hitap eder. Bu sebeple ilim ve hikmetten uzak kalan dini hayat da, taassuba gider.

Batıl ideolojiler de başarısını HAK PRENSİP'ten alır. Batılın HAK ile başarılı olması, Müslümanların da BATI[illegible]atması, insanlık adına büyük talihsizliktir.

Bilginin çöplüğü haline gelen beynimize İslamın nuru doğunca hakla batılı ayırmaya başlarız.

Beyin

Beyin sahibi yaratıklar çoktur amma, bunların içinde sadece insanın beyni farklıdır. Bu sebeple Allah, insanlara din göndermiş.

Beynimizi yaratan kim ise, bize din gönderen de O'dur. Beynimiz ne kadar mükemmelse, İslâmiyet de o kadar mükemmeldir, çünkü her ikisinin de gerçek sahibi Allah'tır.

Bu durumda insan beyninin en mühim vazifesi, İslâmiyet'i anlamaktır. Çünkü Kur'ân, Peygamber ve insan beyni, üçü bir bütün teşkil eder. Müslümanlar, İslâmiyet'e beyin olabilirse, din inkişaf eder, olmazsa İslâmiyet'in hakkaniyeti bile anlaşılmaz.

İslâm'a el, ayak olan çok, önemli olan beyin olmak. Malıyla, canıyla İslâm'a hizmet edenler her zaman olmuş, yine olacaktır, fakat beyniyle İslâm'a hizmet edenler olmazsa, bu yardımda da yeteri kadar hedefini bulmaz.

İlim ve servet sahipleri kendilerine şu soruyu sormalıdır?

"Ben geri zekalı olsaydım ne yapardım?"

Geri zekalılar, tahsilini tamamlıyamaz ve servet sahibi olamazken, üstün zekalılar ne yapıyor?

Nimetin nisbetinde şükredilmesi gerekirken, en geniş imkanlara sahip olanlar, en büyük günahları işliyor. İslâm'ın emrine verilmeyen akıl başa bela olur. Kumarbazların ve ayyaşların bütünü akıllıdır.

Hırsızların, dolandırıcıların, sahtekârların hepsi akıllı kimselerdir.

İlim Allah'ın sıfatıdır. Allah, sonsuz ilimden bizlere bir parça vermiştir. Zaten ilimle akıl bir bütündür, insanlardan başkasının ilim sahibi olması mümkün değildir.

Bugünkü insanların bir kısmı aklını körletip, cehalet bataklığına saplanırken, diğerleri de ilmin yönünü saptırıp, Allah'ın lütfu olan ilimle, Allah'a şirk koşma yönüne gitmişlerdir. Müslümanlar da aklını İslâmiyet'ten geri çekerse meydana çıkacak felaketin dehşetini düşünün.

Anatomi atlasında beyin 48 bölümde inceleniyor. Yani göz, kulak, el ayak gibi 48 organımıza hükmediyor. Halbuki boz bir madde. Bu boz maddeden yapılmış beyin nasıl problem çözüyor, nasıl konuşuyor, nasıl görüyor?

Erişilmez bilgisayar insan beynidir. Bu öyle bir bilgisayar

ki, yaptığı ve proğramladığı bilgisayarlar, milyonlarca liraya satılırken, insan kendi beyni için beş kuruş ödememiştir.

Beynimizin ham maddesi topraktır. Toprak, bitkiler, hayvanlar ve insanlar aynı yapıdadır. Bir toprağı, bir de beynimizi ve beynin yaptığı işleri düşününüz. Allah, nelere kaadir değil ki?

Beyin, kurulmuş bir saat gibi çalışmaz, onun da her an hücreleri ölüp ölüp dirilir.

Bir yediğimiz ölü gıdalara bakalım, bir de beynin canlılığına, başarısına ve değişmeyen şekline...

Evet, yeni gıdalar beyni bir tarafından büyütmeye başlasa ne büyük felaket! Demek beynin şeklini muhafaza eden, o beyne pek çok işler yaptıran, beyni yaratandır.

Maddedeki bu harika işler, materyalisti büyülemiştir. Bilememiş ki madde bir perdedir, o perdenin hakimi külli bir akıl vardır ki, bize aklı veren de O'dur.

Zaman gösterdi ki önemli olan akıllı olmak değil, aklı nerede kullandığımızdır. Akil en büyük nimet iken, insanlığın başı, akılla derde girmiştir. Yapılan silahlar sadece vahşi hayvanları öldürmedi, insanlığın başı akılla derde girmiştir. Yapılan silahlar sadece vahşi hayvanları öldürmedi, insanları da öldürüyor. Hatta Avrupa gibi medeni kıt'alarda ayılar, aslanlar, geyikler korunurken, Bosna'da katliamlar yapılıyor. Buna katilleri, terörü ilave ederseniz, aklın başa dert olduğu kolayca anlaşılır.

Basın-yayın aklın mahsulü değil mi? Fuhşu körükleyenlerin aklı, kafalarında olmasa gerek. Basın-yayın aynı zamanda milletin beynidir, perişaniyetimizin sebebi de budur.

Şeriatı meşhure, Şeriatı fıtrî gözönünde bulundurularak, her ilim erbabından bir veya bir kaç kişinin katılmasıyla, Kur'an yeniden tercüme edilmeli, hem ideolojilere, hem de fikir akımlarına cevap vermeli. İlim ve tekniğin doğru hedefleri böylece gösterilmeli.

Beynimizi teyb gibi kullanırsak, teyblerin cennete gitmeyeceğini de bilmeliyiz. Hafızamız kadar aklımızı da İslâm'ın emrine sokmadıkça İslâmiyet'i anlamak ve anlatmak mümkün değildir. Bugünkü din görevlilerinin çektiği en büyük sıkıntı budur.

Kıymetli şeyleri müzelerde saklarlar. Organlarımızın kıymeti de gösteriyor ki biz ebediyet müzesine namzetiz.

Satılık böbrek

Genç bir hanımın iki böbreği de rahatsızlanmış, gün aşırı makinaya giriyormuş, her seferinde bir milyon iki yüz bin lira ödüyormuş (1994).

Demek ki böbrekleri sağlam olanlar, günde altı yüz bin lira kârlı. Diğer organları da hesaba katarsanız, kâr üstüne kâr!..

Bu genç hanım hastalanınca, kocası dahil, yakınları ondan uzaklaşmış, bir bakıma ölüme terk edilmiş. O da yaşama azmi içinde...

Şimdi iki böbreği alınacak, yerine, sağlam bir böbrek takılacak... Bunun için ilan verilmiş, gelenler, tek böbreğine iki yüz elli milyon lira istemiş...

Bir böbrek iki yüz elli milyon... Acaba biz böbreklerimize kaç lira ödedik? Kaça aldık, kaça satıyoruz? Gözlerimizi, beynimizi, ciğerimizi ve kalbimizi düşünün, hepsi ne kadar kıymetli ve hepsi bedava...

Bir kalb ameliyatı da iki yüz milyon lira... O da yeni kalb takılmıyor, arızalı kalb tamir ediliyor. Operatör doktor düşünmeli: "Kendi kalbini yapan, tanzim eden, onu çalıştıran ve hastalandırmayan kim? Kalb mütehassısı, kalbine ne kadar hakim?"

Diş tabibi, dişi çekmeye elli bin lira alıyor, ya takmaya?.. Takılan dişler ne kadar kendi dişlerimizin yerini tutuyor?

Bu misallerin sayısını artırdığımızda görürüz ki, her şey Allah'a muhtaç. O, hiçbir şeye muhtaç değildir? Samed!

Allah'ın ihsan ettiği nimetleri unutur veya inkar edersek, ibadetlerden de uzaklaşırız.

Halbuki insan, Allah'ın verdiklerine şükretmeli, verecekleri de ayrı...

Şimdi o hasta hanımı Hindistan'a gönderiyorlar. Orada bir böbrek ameliyatı yüz milyon liraymış. Bunun üçte birini böbreğini satana veriyorlarmış. gerisi doktor, hastane masrafı...

Hindistan'da öylesine fakirlik varmış ki organlarını satılığa çıkaranlar sıraya girmiş... Sermaye temini için bu yola başvurmuşlar.

Sermayeye Avrupalılar kapital der. Kapitaller kapitalisti, o da kapitalizmi ortaya kor. Bunu tersine çevirirsek kapitalizm, kapitalist ister, o da böbreğini satarak bu noktaya gelmeye çalışır. Gelemezse, hürmet ve merhametin çekildiği şu dünyada sürünmeye mahkum...

Sürünmeye mahkum olmaktansa hapishanede kıral olmayı tercih edenler de suç işler.

Hindistan'da böbrek otuz milyon, Türkiye'de iki yüz elli milyon! Görüyorsunuz Türkiye bir hayli ileri!

Türkiye'deki adam böbreğini satıp, bir dolmuş alacakmış. bey gibi yaşayacak... Böbreği arabaya dönüştürmek yirminci asrın icadı olsa gerek! Tahmin ederim yirmi birinci asırda akciğerin yarısı veya bir göz, bir kamyona veya otobüse dönüştürülebilir.

Hani ne demişler? "İnsanlar mekanikleşiyor..." Demek her bir organından bir cihaz çıkacak!

Böyle olmasını istemezdik amma olmuş bir kere. Yine derler ki: "Her musibet içinde bir rahmet vardır" Böylece insan, organlarının kıymetini anladı. Bir gün kendi kıymetini de anlarsa, onu kahvede, meyhanede, kumarhanede çürütmez. Hem organlarının, hem de zamanın kıymetini bilirse, kıymetli olur, bu sefer onun organlarına değil de, her saat çalışmasına, (bu konudaki bir fikrine) milyonlarca lira ödenir, bıçağın altına da yatmaz.

İnsan organları ne kadar kıymetli ise, organları yaratan Allah'ın gönderdiği din de o kadar kıymetlidir. İslâm'a tabi olan da kıymetli olur.

Vücudumuza nizam veren Allah İslâm nizamını göndermiş. Elbette her şey nizam içinde iken insan nizamsız kalamaz! Vücudumuzdaki, kainattaki ve İslâmiyet'teki 3 nizam bir bütündür. Bunları birbirinden ayırmak, insanla insaniyetin ayrılmasına denktir.

Organlarımızı yaratan ve yaşatan Allah, onların gerçek sahibidir. Öyle ise bunları, sahibinin isteği doğrultusunda çalıştırmalıyız.

Bizi yüzlerce felaketten koruyan kim?

Amerika'nın Spring Hill şehrinde yaşayan 21 yaşındaki Matthew'in ayağı 80 santimmiş...

Halbuki dünyaya gelen çocuğun ayağı 6 santim civarındadır.

Çocuk büyüdükçe ayağı da büyüyor. İki ayağı aynı şekilde büyüyüp, her zaman eşitliğini koruyor.

Ayaklar büyüdükçe parmaklar, tırnaklar da büyüyor, simetrikliği bozulmuyor.

Ayağın içindeki kemikler, kaslar, damarlar, sinirler büyüyor.

Bunları tesadüfe, tabiata, doğaya, kendi kendine oluşa verebilir misiniz? Eşitlik ve simetriklikte tesadüf olur mu?

Çocuğun yalnız ayağı büyümüyor ki! Her organı aynı oranda büyüyor, mütenasipliğini (uygunluğunu) koruyor. Ayağı ne kadar büyümüşse, eli, gözü, kulağı, midesi, ciğeri, kalbi o oranda büyüyor. Nihayet 20 yaş civarına gelince büyüme duruyor.

Amma Matthew'in ayağı büyümeye devam etmiş, şimdilik 80 santim, yarın ne olacağı bilinmiyor.

Bu delikanlı kocaman ayaklarını zor taşıyor. Bırakın koşmayı badi badi yürüyor. Özel ayakkabıları çok pahalıya mal oluyor. Yatması, oturması, arabaya binmesi dert.

Matthew'in yalnız ayakları büyümeye devam etmiş, ya diğer organları da büyüseydi ne yapardı?

Bu bir misaldir: İnsanlar, kendi organlarının farkında değil. Hepimiz küçüktük. Küçücük organlarımız büyüdü, büyüdü ve durdu. Organlarımızın büyümesi durmasaydı: Tırnaklarımız gibi parmaklarımız da uzamaya devam etseydi, her 15 günde parmaklarımızı kestirecek miydik?

Ya kolumuz uzasaydı? Dişlerimiz, burnumuz, kulaklarımız uzamaya devam etseydi... Gözlerimiz büyüse, dilimiz şişse ne yapardık?

Aynı şeyleri iç organlarımız için de düşünebiliriz.

Görülüyor ki Allah bizi yüzlerce felaketten koruyor.

8-10 metre boyunda bir insan düşünün, nasıl rahat edebilir?

Alışkanlık bir sürü gerçeklerin üzerini örtmüş: "Doğmuşuz, büyümüşüz, yaşıyoruz..."

Biz de sakat olabilirdik, geri zekalı, deli olabilirdik. Olmamışsak bizim gayretimizden ve maharetimizden değil.

Allah, insan vücuduna fevkalade bir nizam ve düzen koymuş; herşey ölçülü, ahenkli.

Vücudumuza nizam veren Allah, İslam nizamını göndermiş. Vücudumuz, organlarımız ne kadar mükemmelse, İslamiyet de o kadar mükemmeldir. İslam'a uyan Müslüman da mükemmel olur.

Nasıl ki 1400 sene evvelki insan, bugünkü kadar mükemmeldiyse... 1400 sene evvel gönderilen din de o kadar mükemmeldir.

Nasıl ki kainat nizamı her asra hitap etmişse, İslamiyet de her asra hitap eder, çünkü her ikisinin de sanatkârı, alimi, mucidi Allah'tır.

Herşey nizam içindeyken, insan nizamsız kalamaz!

Atomlar güneş sistemine ne kadar benziyor.

Çayır otunda da çınarda da... Dalda da kökte de... Suda da balıkta da nizam var. Kainat bir makina gibi çalışıyor. Herşey Allah'a itaat ediyor sadece insan helalla haramın kavşak noktasına bırakılmış.

Harama giden insan, Allah'a isyan edip, külli nizamın dışına çıkarak felaketlere davetiye gönderiyor.

Rahman ve Rahim olan Rabbimiz, kitabıyla, Peygamberiyle helali göstermiş ki şu cennet gibi dünyayı başımıza cehennem etmeyelim diye.

Zehirli bal hükmünde olan haramlar, pek çok kimseyi zehirledi, halen de zehirlemeye devam ediyor. Çünkü onlar, kendi yapılarından, organlarının ahenginden, vücudundaki ölçüden, ahenkten habersizler.

Kendini bilen Rabbini bilir.

Biyolojiyi, anatomiyi ve psikolojiyi tabiat (doğa) adına okuyan insan kendi yapısından, sanatkârından, vücudunun mimarından nasıl haberdar olsun? Bu yönüyle insan kuşlara, koyunlara, kedilere ne kadar benziyor!

Sakatlar lisan-ı haliyle sağlamları ikaz eder:

– Siz de sakat olabilirdiniz!

Olmadınızsa bunun bir şükrü yok mu?

Tam tersine insanlar sıhhatleriyle, servetleriyle, kabiliyetleriyle harama dalıyor ve hayat insan yutan kumsallara dönüyor.

"Göster İlahi bu millet kurtulur tek mucize
Bir utanma hissi ver, gaip hazinenden bize"

İslâmiyet gelecek mi?

Dünya nüfusunun beşte biri Müslüman.

Yani dünyadaki insanların beşte dördü, İslamiyet'in gelmemesi için çalışıyor.

Müslümanlar'ın durumuna gelince:

Bulgaristan'daki Müslümanlar, İslâmiyet'e ait her şeylerini kaybetmişti, sadece isimleri kalmıştı. Bulgarlar onu da değiştirmeye kalkınca isyan çıktı (1990).

Sırplar, Bosna-Hersek'teki Müslümanlar'ı diğerlerinden ayıramayınca, erkeklerin sünnetli olup olmadığına bakmak zorunda kalmışlar sünnetli olanları vurmuşlar (1992).

Kadınlardan Müslüman olanı olmayanı ayırmak zaten mümkün değilmiş.

Demek ki dünya nüfusunun beşte birini teşkil eden Müslümanlar'ın çoğu, zaten kendi hayatlarında İslamiyet'i yaşamıyor, dolayısı ile istemiyor, demektir.

Bununla beraber İslâmiyet'i öğrenenler ve yaşayanlar da var.

İslâm tarihinden haberi olanlar bilir ki, Müslümanlar ne zaman İslâmiyet'i yaşamışsa ilerlemiş, süper güç olmuş, ne zaman da yaşamamışsa düşmanın ayağının altına düşmüşler.

Bu gerçeğe binaen gelişmiş ülkeler, Müslümanlar'ın İslâmiyet'i yaşamasını istemez.

İslâmiyet'i yaşamamanın, yaşatmamanın en tesirli yolu, günahları yaygın hale getirmektir. Zira seve seve günah işleyenler, İslâmiyet'i yaşıyamaz.

Özetlersek:

Dünya nüfusunun beşte dördü İslâmiyet'i istemiyor.

İslâmiyet'i bilmeyen, yaşamayan Müslümanlar da İslâmiyet'i değil, hurafeleri istiyor.

Günahları sevenler, İslâm'ı sevemiyor.

Bu sebeplerle İslâmiyet gelemiyor.

İslâmiyet ne ile gelecek?

Yürüyerek mi? Uçakla mı, otobüsle mi?

İslâmiyet'i kim getirecek?

İslâmiyet gelmez, İslâmiyet yaşanır.

Eğer Müslümanlar, İslâmiyet'i (maddece ve mânâda) yaşasa... İslâmiyet'i yaşayan Müslümanlardan bir millet (ümmet) olur. O millet de kurtulur.

İslâmiyet'i yaşamayan Müslümanlardan ümmet olmaz. Ümmetin olmadığı yerde, İslâm adına ciddi bir şey bulunmaz.

Şuurlu Müslümanlar, öyle bir savaş içinde ki, kale dışardan sarılmış, içteki bozguncular da (bilerek veya bilmeyerek) düşmana teslim olma meylinde.

Bu tablo karşısında, özgürlük, İslâmiyet adına değil, Avrupa standartlarına uymak için istenebilir.

Mesela demokratik, laik Avrupa ülkelerinde meyhaneler de, camiler de sabaha kadar açık.

Okullarda mabet var.

Dini tahsil yapan rahibeler başlarını kapatıyor, erkek öğretim üyesi derslere giremiyor.

İnanç özgürlüğü...

İnsan hakları...

Hukukun üstünlüğü...

Derken, İslâmiyet adına birşeyler koparabiliriz.

Bunlar, Müslüman'a, İslâmiyet'i yaşamada kolaylık sağlar.

Fert İslâmiyet'i yaşamak isterken, devlet, bu hususta imkanları hazırlamalıdır.

Amma devlet de devletlere bağlı.

Eğer bir devlet İslâmiyet adına bir şeyler yapmaya kalkışırsa, diğer devletler (millî menfaatlerinin koruma açısından) karşı çıkabilir. Çünkü İslâmiyet'i yaşamayan İslâm ülkelerinin hepsi pazardır. Süper güçler, PAZARLAR'ını kaybetmek istemez.

Amma Müslümanlar ve onların devletleri, Avrupa ülkesi olma adı altında inanç ve ibadet özgürlüğü sağlarsa, bu yolda daha istikrarlı adımlar atılır.

Aslında, 1950'den sonra, Müslümanlar'a imkanlar verilmişti. Müslümanlar, kendilerini kapitalizmden, lüksten, eğlenceden ve bir kısım haramlardan kurtaramadıkları için, İslâmiyet adına bir şey yapamadılar.

Bir şey yapamayacağını anlayan Müslümanlar, dönüp devletten bir şeyler istediler. Umduklarını bulamayanlar, devlete düşman kesildi.

Halbuki bir ülkede halkla devlet birbirine düşman olursa dış düşmanların ekmeğine yağ sürülür, eldeki imkanlar da kaybolur.

En kötü devlet, devletsizlikten daha iyidir.

Öyle ise her Müslüman, fertleri, aileleri, şirketleri, devletleri gözönünde bulundurarak "Bu malzeme ile ne yapılabilir?" sorusuna cevap aramalı.

Yıllardır, müslümanla İslamiyet arasında utanç duvarı vardı, bu sebeple bunların ikisi bütünleşemedi. Bütünleştiği gün İslâm Güneşi doğacaktır.

Doğmayan güneş

Bir şahıs şöyle bir şiir yazmış:

İslâm gelse eğri yollar düzelir
Kalpleri hep gülşenlere çevirir
Put koymayıp birer birer devirir
Gün o gündür, bayramımız biline...

Evet bunu birisi yazmış amma bir şey söylüyor: "İslâm gelse..."

İslâm nerden gelecek, nasıl gelecek?

Asr-ı saadet modeline bakarsak, her sahabe tek tek mükemmel Müslüman!

Bir şahıs mükemmel Müslüman olunca, onun vücut şehrine İslâmiyet geldi, demektir. Yani o şahıs her sözünü, her hareketini İslâm'a uydurur, maddi ve manevi organlarını İslâm'ın emrinde çalıştırır. Bu şahsın eğri yolları düzelir, kalbi gülşene döner, menfaat ve zevk putları kırılır, yanlışlar doğruya döner.

Böyle şahıslar bir araya gelince, iyi bir cemaat, üstün bir millet ve süper bir devlet doğar.

* * *

İşe tersinden başlarsak: Devlet dindar olsa...

Devlet memurları tek tek mükemmel Müslüman olmazsa, onların yapacağı hatalar İslâm'a mal edilir.

* * *

Bu meseleyi daha iyi açıklayabilmek için bir misal vereyim: Alak Suresi (ilk sure) inzal buyurulduğunda sadece Peygamberimiz (s.a.v.) Müslümandı, İslâm toprakları O'nun mübarek ayaklarının bastığı yer kadardı ve bütün dünya O'na düşmandı.

Amma Peygamberimiz (s.a.v.), mükemmel bir Müslümandı. O'nun haliyle lafı birbirine uygundu. Bu mükemmelliğe hayran olan müşrikler İslâm'ı seçip, kelime-i şehadet getirir getirmez, her türlü haramı terk edip, her türlü helalı yapmaya başlıyordu, onlar da mükemmel Müslüman oluyordu.

Bu mükemmel Müslümanlar'ın herşeyi İslâm'a uygun: İlimleri, amelleri, çarşısı, pazarı, vergisi, devleti...

Bu mükemmel Müslümanlardan ümmet (millet) meydana çıkıyor, o millet, o devlet, 22 senede süper güç olup, İslâmiyet'i, dünyanın dört bucağına taşıyordu.

Daha sonraki yıllarda, Müslümanlar'ın sayısı arttıkça kalite düştü. İslamiyet'i bilmeyen, anlamayan Müslümanlar, Hazreti Osman (r.a.)'ı şehit ederken Hazreti Ali (r.a.) zamanındaki tefrikayı, bölünüp parçalanmayı hazırladılar.

İbni Sebe'nin iftiralarına inanmak, Cemel Savaşı'nı doğururken, Müslümanların Ali (r.a.) ve Muaviye (r.a.) tarafında olarak bölünmeleri, hariciler gibi bir grubun ortaya çıkması da mükemmel Müslümanların azlığına, sıradan Müslümanların da çokluğuna delildir.

Kur'an'a istinat eden Haricilerin yanlış anlayış ve yorumlarıyla dalalete gittikleri acı bir gerçektir.

Mükemmel olmayan Müslümanlar, Hulefa-i raşidin devrini kanlı bir şekilde kapatırken, kurulan Emevi Devleti de yüz sene yaşıyamadı, o da kanda boğuldu.

* * *

İslâm'ı kendi dışında arıyanlar hep zarar etti. Amma İslamiyet manastır dini değil ki uzlete çekilip, tek başımıza İslâm'ı yaşıyalım... Mükemmel Müslümanlar, İslamiyet'in gereği olarak (minimum da olsa) bir ümmet teşkil eder, İslâm'a ayna tutarlar.

Demek ki bizim dışımızda birileri İslâm'ı getirmiyecek, biz İslâmiyet'i öğrenerek, yaşıyarak getireceğiz.

Bizim kalbimizi kimse gülşene çeviremez. O kalb iman ve ibadetle gülşen olur.

İçteki putlar kırılmadan, dıştaki putlar devrilmez. Zevki ve menfaati İslâma uydurursak, İslâm güneşi doğacak, sabah olup, karanlık kalkacak.

Karanlık halen devam ediyor. Fakat fecr-i sadık doğdu.

Kötülüğü beğenen kötüdür

Reform

Bazen toprak susuzluktan çatlar, bir damla su bırakmaz bulutlar.

Tersliklerin kolkola gezdiği bir günde Menan Cinleri, simsiyah bir bulutun üstüne karargah kurdu, Menan Dede sordu:

– Torunlar, konumuz ne?

Hep bir ağızdan bağırdılar:

– Reform!

Menan Dede sakalını sıvazladı "Hıım" diye biraz düşündü:

– Öyle ise Alman İmparatoru IV. Henri'yi, Lüther'i Kalven'i ve bir de Papa X. Leon'u çağırın.

Mahkeme salonu dolmuş, Menan Dede başkan, torunlar da kendine düşeni başarıyla yapıyordu.

– Evvela Profesör Lüter'i dinleyelim, reform nedir, niçin reform yapma gereği duydunuz?

Lüter yavaş yavaş yerinden kalkıp kendinden emin bir ses tonuyla anlatmaya başladı.

– Hıristiyanlık deforme edilmişti, bunun için reform yapma gereğini duyduk. Başkan:

– Hıristiyanlığın deforme edilmesine dair misaller verir misiniz?

– Evvela İncil'in aslı yok. Başlangıçta bir, iki Havari incil yazmışsa da, sonra aklı esen İncil yazdığından 100'den fazla İncil türemişti. Bunların çoğu imha edilmiş, 4 İncil kalmış, bunlar da birbirini tutmaz. Aramca İncil hiç yok. Bu sebeple Hıristiyanlık, papazların eline düştü, Hazret-i İsa'ya tanrının oğlu dediler, tanrının göklerde olduğunu söylediler. Para karşılığı günah çıkartıp, cenneti sattılar. İşlerine gelmeyen kralı, ilim adamını aforoz ettiler. Kilise aşırı şekilde zenginleşti; rahiplerin, papazların yaptığı rezaletler, hikayelere, romanlara konu oldu. Bunun için Wittenberg Kilisesi'nin kapısına 95 maddelik bir bildiri astım, Katolikler'le, dolayısı ile Papa X. Leon ile mücadelem böyle başladı.

Başkan eliyle işaret ederek Lüfer'i oturttu.

– Şimdi Papa Leon'u dinleyelim, neden Lüter'i aforoz ettiniz?

– Sayın Başkan, eğitimde belli şeyler öğretilir, bunların da muhafazası istenir. Ben de mevcut İnciller'i ve Katolik mezhebini korumaya memurdum. Elbette ki bizi yıkmak isteyene izin veremezdik, bu sebeple Lüter'i aforoz ettim. Kaldı ki Kral Şarlken de benim gibi düşünüyordu.

Başkan tebessüm ederek Alman İmparatoru IV. Henri'ye döndü:

– Sizi Papa XIII. Greguvar afaroz etmişti, anlatır mısınız?

– Kilisenin anlattığı din sadece cahilleri tatmin ediyordu. Papazların işlediği günahlar dillere destan olmuştu. Topladığı mallarla devlet içinde devlettiler. Tanrı adına iş yapıyorlardı. Bu selahiyeti onlara kim vermişti? Halkı, devleti bir yana itmiş, burunlarının doğrultusunda gidiyorlardı. Hıristiyanlık deforme olmuştu, reform yapıp düzeltmek istedim, beni aforoz etti. Roma'ya kadar gidip, kendisinden özür diledim, affına mazhar oldum amma ben onları af etmedim. Memleketime geldim, ordularımla üzerlerine yürüdüm, ilimle yapamadığım reformu kılıcımla yaptım. Kilise ile devlet arasında başlayan mücadele devletin zaferiyle sonuçlandı, kilise çok şeyini düzeltti. Bu da demektir ki kilisenin bir sürü yanlışı vardı. Halbuki Allah'ın gönderdiği dinde yanlış olmamalıydı.

Başkan kararını şöyle açıkladı:

– Matbaanın icadı ile İnciller ve ona bağlı kitaplar bol bol basılıp, satıldı. Bunları okuyan Hıristiyanlar dinleri hakkında bilgi sahibi olunca ileri geri konuştular. Bu tartışmalar sadece gerçeği ortaya çıkarmadı, aynı zamanda rönesans hareketini de başlattı. Rönesans hareketinde iki şey çok önemli idi, biri ilimde ve sanatta isbata yer veren pozitivizm, diğeri ise hümanizmdi. Böylece kilisenin dışında kendine yol çizenler çıkmış, halk da bunları sevmişti. fakat pozitivizmin ve hümanizmin dinsizliğe kayması halkı onlardan da soğuttu. Rönesansın reforma temel olduğu da inkâr edilemez. Her şeyden evvel o, bir ilim ve sanat hareketiydi. Görüldüğü gibi reformun asıl sebebi kilisenin yanlış tutumlarıydı. Yanlışları düzeltmeye reform dendi. Bir kısım yanlışlar düzeltildi amma halen İsa Aleyhisselâm'a gelen İncil bulunamadı ve bulunamaz da... Bu sebeple üçlü tanrı inancı (teslis), tanrıya baba demek, tanrıyı göklerde bilmek gibi itikat (inanç) bozuklukları devam etmektedir. Yani reformlar kilisenin bir kısım hatalarını sınırlandırmış, Hıristiyanları daha fadalı bir inanç sistemine kavuşturmuş amma yine de reformlar gerekli. Kararımızı ve kanaatımızı böylece belirttikten sonra, yarın Müslümanlarla görüşelim.

İlim dünyasında iman nuruyla yürüyen çukura düşmez.

Reform mu?

İnsanlardan uzak yerde, insanların derdini görüşmek üzere Menan Cinleri yine toplandı. Menan Dede değişmez başkan olduğundan yerini aldı:

– Torunlar, getirin bakalım Müslümanlar'ı, ne istiyorlar?

Müslümanlar salona girer girmez cinler irkildi. Menan Dede tebessüm ederek mırıldandı: "Ne günlere kaldık, eskiden insanlar cinlerden korkardı, şimdi cinler insanlardan korkuyor..."

Konuşmaları kesmek için lastik çekici masaya vurdu: "Daaan!"

– Evet duruşmayı açıyorum...

Hemen müslümanlardan biri kalkıp, öne çıktı. Menan Dede ona bakarak:

– Söyle bakalım, reformdan muradın nedir?

– Sayın başkan, reform kelimesi her şeyiyle Avrupa'nın malıdır. Onlardan aldığımız pek çok şeyin arasında bu kelime de gelip, içimize girdi. Deforme olan yanlarımızı düzeltmek için reform yapmak isabetlidir. Dine gelince işin rengi değişir.

Adam ezberlemiş gibi konuşuyor, herkes kulak kesilmişti. Devam etti:

– İslâmiyet'in temel kitabı Kur'an-ı Kerim'dir, Hadisler ve sünnet-i seniyye ise bunun ilk tefsiri, şerh ve izahıdır. İçtihadlar ise bir kısım ayet ve hadislerden çıkarılmış hükümlerdir. Asr-ı saadetten beri İslâmiyet kopukluk olmaksızın, devam etmiş, asrımıza ulaşmıştır. Öyle ise İslâmiyet'te deforme (bozulma) olmadığı için reforma (düzeltmeye) de gerek yok.

Başkan, sözünü kesti:

– Ya içtihadlar?..

– Hangi içtihadın, hangi ayet ve hadise istinat ettiği biliniyor. Alimlerimiz gerek gördükleri içtihadları ele alıp, ilgili ayet ve hadisin engin mânâsı içinde ona yeni bir şekil verebilir.

– Ya halk?..

– Halk İslâm'ı bilen ve yaşayan alime tabi olursa kurtulur. Aksi halde cehalet, büyük bir felakettir.

Başkan memnun bir eda ile:

– Devam ediniz.

– Sayın başkanım, İslâmiyet'te reform yapılamaz ve olamaz. Fakat Müslümanların anlayışı ve yaşayışı değişmelidir.

– Yani Müslümanlar için reform istiyor musunuz?

– Mutlaka yabancı bir kelimenin altına girmek gerekiyorsa, evet. Buna müceddid hareketi, yenilenme dersek daha iyi olur. Zaten müceddidler de Müslümanı yeniler, İslâmiyet'i değil.

– Avrupa reform yaparak ilerledi, Müslümanlar'ın geri kalışını nasıl izah edersiniz?

– Muhterem başkanım ve sayın dinleyicilerim. Hıristiyanlar ne zaman dinlerine sarılmışsa gerilemiş, ne zaman da kiliseden uzaklaşmışsa ilerlemişlerdir. Müslümanlar ise İslâmiyet'i yaşayınca ilerlemiş, İslâmiyet'le alakaları azalınca gerilemişlerdir, tarih bunun şahididir.

Herkes pür dikkat kesilmişti, başkan eliyle işaret etti: Devam...

– Elbetteki tahrif edilmiş, esasları değiştirilmiş Hıristiyanlık her asra hitap edemezdi, bunun için pek çok ilim ve devlet adamı kiliselerin hışmına uğramıştır. Rönesans ve reformlar kiliseyi karşılarına alırken, 1789 Fransa ihtilali de kiliseye karşı idi. Böylece Hıristiyanlıktan uzaklaşanlar, 20. asır medeniyetini ortaya koydu.

Başkan ikaz etti:

– Şimdi Müslümanlar'ı anlatınız.

– İslâmiyet'te ilmi ve tekniği haram eden bir tek ayet ve hadis bulunmadığı gibi, tam tersine teşvik de eder. Hiçbir İslâm âlimi ilme ve tekniğe karşı çıkmamıştır...

– Matbaaya karşı çıkmışlar, "Dünya düzdür" demişler, teknolojiye "Şeytan icadı" diye bakmışlar...

– Pek çok ayet ve hadisler, okumayı, ilimde, sanatta ilerlemeyi emretmektedir. Dünyanın düz olduğuna dair ayet ve hadis de yok. İslâmiyet'i bilmeyen Müslümanlar ister istemez hurafeye kayıp, hata etmişler, bunun için diyoruz ki: Müslümanlar düzeltilmeli, yani İslâmiyet'i öğrenip, anlayıp, yaşamalıdır.

Başkan kararını şöyle açıkladı:

– İslâmiyet, deforme olmadığı için reforma da ihtiyacı yok fakat Müslümanlar deforme olduğu için reforma ihtiyaçları var, bu da İslâmiyet'i öğrenip, anlayıp, yaşamalarıyla mümkündür.

Meyve vermeyen ağaçları da çalı gibi, söğüt gibi ateşe atarlar.

Meyve ve ağaç

"Portakal" deyince, aklımıza onun ağacı gelir. Hiç bir zaman çam'ın portakal vereceğini düşünmeyiz.

Her meyva, ağacını hatırlatır.

Namaz kılanı görsek "Bu Müslümandır" deriz. Çünkü namaz bir meyvadır, o da Müslüman'a aittir.

Turunçgiller familyasında çeşit çeşit meyvalar var. Müslümanlar da öyle.

Akdeniz bölgesinde dolaşırken yol kenarındaki turunçların dallarında sallandığını gördüm. Bunlara kimse iltifat etmez.

Acaba acı ve ekşi olduğu için iltifat görmeyen Müslüman da var mı?

Her ağacı kendi cinsiyle aşılarlar ki daha iyi meyva versin, diye.

Müslümanın çocuğu da Müslümandır amma onu da aşılamalı ki ibadet meyvaları verebilsin.

Meyva vermeyen ağaçları kesip odun yaparlar. Acaba "Yandım" diye bağıran Müslümanlar odun muydu? Meyva vermedikleri için mi bu hal başlarına geldi?

Şimdi meyve kurtları arttı. Bunun için zirai mücadele başladı.

Hem ibadet eden, hem de günah işleyen Müslümanlar, kurtlu meyvaya benzer.

Kurtlu meyva çabuk olgunlaşır, dalında fazla durmaz.

Genç yaşta şeyhülislam kesilenlere, biraz da bu gözle bakmalı.

Mü'min olmak bir koşu, dünyaya İslam fıtratıyla gelen çocuk, mü'min olarak ahirete gitmeli.Beşikten mezara kadar tahsil, beşikten mezara kadar Müslüman olmak? İslâmiyet'i yaşamak!

Bahçelerin bahçıvanı olur, cemaat bahçe, imam da bahçıvan.

Her bahçede çalı, çırpı da bulunur. Onlar meyvaların fedaisidir. Bahçıvan balta ile gelince onlar lisan-ı haliyle der: "Meyva vereni değil, bizi kes!" Böylece çalı, çırpı gider, meyva ağaçları kalır.

Ya meyva vermeyenler?

"Yandım" diyenler zaten çalı, çırpıydı.

Bahçıvan meyva ve sebzeler için bahçeyi sular, gül de büyür, diken de.

Güle sığınan diken hayat buldu...

Evet, bir gül için bin dikene hizmet eden bahçıvan çoktur.

Söğütler şen ve esenken meyva veren ağacı taşlarlar.

Kimi insan asmaya benzer, budandıkça üzüm verir.

Asmanın yediği çamura, salkımlardaki tulumba tatlısı gibi üzümlere bak.

Sonra bu üzümlerden yapılan şaraplar...

Ki içip aklını karartanlar ne kadar akıllı?

Ve, rasyonalizmin intihar edişi: Çünkü kumarbazların ve sarhoşların hepsi akıllı.

Bir yanda aklını başına bela edenler... Bir yanda akılla Kur'an'ı ve hadisleri anlamaya çalışanlar.

Meyvası lezzetli olan ağacı, orman içinde de olsa bulurlar.

Meyvası acı olanın yüzüne kimse bakmaz, bahçede olsa bile.

Müslümanlar meyva ağacı gibi kimi kestane, kimi ceviz, kimi armut, kimi ahlat. Kimi muz, kimi keçiboynuzu...

Müslüman olmayanlar meyvasız ağaca benzer. Söğüt, kavak, meşe gibi.

Ya meyva vermeyen elmalar, armutlar ne olacak?

Kemiyeti hakir görme, zira çayırotu yetişmeyen yerde çınar da yetişmez.

Hep ağaçlardan söz ettik. Ya sebzeler ve meyvalar...

Amma şurası muhakkak ki herşey birbirine benzer. Birindeki sırla diğeri çözülür. Yeterki çözen olsun. Herşey görene, iki gözüm, köre ne?

Başka şeylerle meşgul olanlar, kendisiyle meşgul olacak zaman bulamadılar

İstikbal aynasındaki gerçek

Doğumu kontrolü, "nüfus kontrolü" derken 2050'de dünya nüfusunun 9 milyara ulaşacağı tahmin ediliyor. O zaman:

İçki ve uyuşturucu kullanımının yaygınlaşması, çocukların hem bedenen, hem de fikren yetersiz olması, işsizlikle beraber suçlu sayısını da artıracak.

Basın ahlâktan, edepten, hürmetten yana olmayınca gençler daha çok bozulacak.

Çeşitli ihtiyaç maddeleri, bencilliği (egoizmi) körükliyecek.

Köyden kente ve ülkelerarası göçler, intibaksızlığa sebep olacak.

Bir taraftan yaşlıların sayısı artarken, altın çocukların sayısı da azalacak.

Rejim buhranları, devletlerle milletleri karşı karşıya getirecek.

Dini duygular azaldıkça ırkçılık gelişip, bunlar da birbirini yutarak yaşama imkanı arayacak.

Tüketimde ön sırayı alan silah sanayi, savaşlara hız verecek.

İşsizlik, açlık ve kıtlık, hastalıklar; uyuşturucu, alkol, sigara tüketimi arttıkça artacak.

Mali krizler, konut eksikliği, hırsızlık, soygun, gasp birbirini takip edecek.

Bazı bölgelerde ahlâk komik bir hal alacak.

Neticede bu insanların seçeceği yöneticiler başa geçecek, o zaman başsız insanlar kelle bulacak.

* * *

"Karamsar" demekle bu felaketleri önlemenin imkanı yoktur.

Ne var ki, ileriyi görenler, çok kere önünü göremeyenler tarafından suçlanmıştır.

Hayat ilerliyor, insan halden hale düşüyor, bazan son feryat da yankı yapmadan kaybolup, gidiyor.

En iyi devlet cinayetlerin üzerine ciddi ciddi giderken, insanlara ölümü mumla aratan hayatı ters yüz edemiyor.

Öyle ya, biz ne yapacağız?

Vücudumuzu bir gemiye benzetirsek, biz onun kaptanıyız. Zaman okyanusunda bid'at ve dalalet kayalıklarına çarpmadan Cennet sahiline çıkmaya çalışacağız.

"Müslümanım" demek yetmiyor organlarımızı, duygularımızı tek tek Müslüman edeceğiz.

Görülüyor ki tek başına bir yürüyüş var. "Yalnız kalalım, tek başımıza yürüyelim" demiyoruz, bin gözle beklesek de, gelen olmayınca, durmamız tehlikeli...

Külli bozulmanın içinde kendi dünyamızda düzelmeye, iyi olmaya çalışırken; her zamanki gibi kemiyet ve keyfiyet karşımıza çıkar, keyfiyette yalnızlığın ab-ı hayatını içeriz.

İnsanlar, zamana uymuş, zaman nehrine dökülmüş bir sepet çöp!

Bu azgın nehrin kenarında bir çiçek olmak...

İşte hayat bu kadar zor!

Ömrünü takvim yaprakları gibi çöpe atanlar, iyilik adına ne bekliyebilir?

Takvim

Dünyanın kendi ekseni etrafında dönmesiyle; geceyle gündüz... Güneşin etrafında dönmesiyle de mevsimler, aylar, yıllar teşekkül etmiş. Kısacası: Takvimler dünyanın hareketiyle doğmuş.

Dünyanın büyüklüğünü düşünün: Denizleri, dağları, insanları, hayvanları yüklenmiş gidiyor.

Buna bu hareketi veren kim?

Sadece hareket etse birşey değil, hiç sarsmıyor. Asırlardır hızını azaltmadan, artırmadan dönüyor.

Her zaman bir gün 24 saat oldu. Her yıl, şubat kış, temmuz yaz, hiç şaşmadı.

Güneş, tıpatıp takvime uydu, mesaiye geç kalmadı.

Fırtınalar takvimin dediği günde başlayıp, bitti.

Leylekler her yıl, aynı haftada geldi, sonbalarda gitti.

Bunları hep beynimizle anlıyoruz.

İnsanları, hayvanlardan ayıran beyin?

Horozun sabah ötüşüyle, saatin çalması arasında fark yok.

Ağaçlar çiçek açar amma ne yaptığını bilmez.

İşte insanları canlılardan ayıran en önemli fark: Bilmek! O da beyine bağlı.

"Çeken bilmez, bilen çeker" demişler, isabetli.

Elma soyulmanın, çalı yakılmanın, toprak çiğnenmenin ıstırabını çekmez.

İnsan bilir!

Geçmişi geleceği bilir. Geçmişin pişmanlıkları, geleceğin evhamları onu perişan eder. Bilmemek ve düşünmemek için kendini içkiye, kumara vermek isteyenler bu işi yapanların geçmişte düştüğü halleri de bilir, onlardan da vaz geçer. Yaşanmaz bir hayatla karşı karşıya kalınca ölümü mumla arar, intiharı düşünür.

Kainata göre çok küçük olan insanın içinde kainattan daha büyük bir alem vardır.

İnsanı perişan eden de bu ya...

Çok şeyleri bilen insan, bir de Rab'bini bilse; yani hiçbir şeyin tesadüfen olmadığını, her şeyin İlahi bir nizam içinde yürütüldüğünü, herşeyi ve her hareketi Esma-ül Hüsna'nın kuşattığını anlasa... Bu anlayışla İslamiyeti şuurlu bir şekilde yaşasa ve Allah'a sığınsa kurtulur.

Başka türlü kurtulamaz!

Gerçi, içkiden, kumardan uzak kalıp, dinle de meşgul olmayıp, eğlence dünyasında yaşıyanlar var.

Bu hal, kanseri aspirinle tedavi etmeye benzer. Çünkü eğlence dünyasının içine de felaketler girebilir. Mala, cana çok şey dokunabilir. Ayrıca yaşlanmak, hastalanmak ve ölüm!

Saatler, saniye saniye ömrü biçer ve doğar. Güneşle ömrün bir parçası da batar. Takvim yaprağıyla koparılıp, çöpe atılan günlerimiz yoktur.

Dünya dönüyor, hiç bir şey kararında kalmıyor. Herşey mevsimden mevsime giriyor.

Dünya bir yere gidiyor...

– Nerden gelmişti, nereye gidiyor?

Dünya atomlar aleminden geldi, daha evvelini bilmiyoruz.

Atomlar aleminden gelen dünya, zaman denilen o korkunç daireyi tamamlayıp,yine aynı aleme dönecek. O zaman üzerindeki yükleri mahşer meydanına boşaltacak, takvim bitecek!

İnsan da atomlar aleminden gelmiş...

Atomlar madensel, madenlerden de insan! Teyblerin konuşması, teleskopların görmesi, antenlerin işitmesi, hep başka başka alem!

Biyoloji ne kadar güzel söylüyor: "İnsanın yapısı toprağa eşit"

Aleksi Karel (Alexis Carrel) ne güzel haykırmış:

– İnsanlar uyanın, insan bu meçhul!

Takvimler, Allah'ın hakimiyetini anlatır. Takvimler ömrümüzün atlası.

Çöplükte birşeyler arıyan adam, inşaatlardan kağıt ve teneke toplayan kadın, mesut olabilir, tebessüm de eder.

Fakat:

İnsan olmanın bir çilesi vardır, bu da beynin kurduğu dünya ölçüsündedir.

Beyinsiz insan olmaz amma beynin dünyası yoksa, o beyin de işe yaramaz.

Doğum ve ölüm... Bu iki nokta arasını dolduran takvimler ve aysberge benzeyen ömür!

Dünya, ebedi seyahatin penceresi...

Bir beldenin mezarları evlerinden daha güzelse, onlar hayat hakkını kaybetmiş demektir.

Saraylar ve mezarlar

İstanbul Edirnekapı Şehitliği'ndeyiz. Buralara ta 1453'de şehitler defnedilmiş, onların şefeatine nail olabilmek için İstanbullular asırlarca ölülerini buraya gömmüş. Ne var ki, kapitalist sistemle, materyalist felsefe varlığını buralarda da hissettirmiş, zenginler mezarları parsellemiş, fakirlere yer kalmamış.

Yine aynı zihniyet mermer mezarlar yapmış, her tarafı çiçeklerle bezemiş.

Ah mezarın içi de dışı kadar güzel olsa... Yaşanan hayat gösteriyor ki mezarların ötesi bir ümitten öteye geçemiyor.

Zenginler mezarları satın almasaydı, dünyanın parasını harcayıp, mermerden yaptırıp zimmetlerine geçirmeseydi, 5 yıl geçince buraya yine cenaze defnedilir, öylece yeni yeni mezarlıklar açmaya gerek kalmazdı.

Bir tarafta peynire muhtaç fakirler, öte yanda mezarlıklara yapılan milyonlarca yatırımlar. Materyalizm pek çok kimsenin dünyasına girdiği için, mezarı imar etmek, ölüye faydalı zannedilmiş.Halbuki mezara milyonları harcayan evlat, 2 rekat namaz kılsa daha faydalı olur.

Bir mezarın yanına oturdum: **"Allah, topraktan insanın vücudunu yaratmış, sonra o vücut tekrar toprak olmuş.."** O toprakta yapraklar, çiçekler ve böcekler... Topraktan insan: Bir toprağa bakıyorum, bir de insanın yüzünü, beynini, damarlarını, kemiklerini hayal ediyorum... Tam o sıra bir çiçek sanki haykırıyor: **"Uzaklara gitmene gerek yok, benimle toprağı mukayese et. İşte topraktan beni yaratan Allah, bir başka alem de yaratabilir."**

Hayalim birden bire Orta Asya'ya kaydı: Kazakistan'daki, Özbekistan'daki saray gibi mezarları, türbeleri düşündüm, bir de bu beldelerin asırlarca Rus esaretinde kalışını...

Asr-ı saadette mezarlar böyle değildi, sadece bir toprak yığını, başında bir taş veya tahta... Hazreti Ali'nin mezarının kaybolmasındaki sırrı da düşünün, Peygamberimiz sallallahu aleyhi ve sellem Efendimiz'in kabri, Kabe'de veya Mekke'de olsaydı, belki büyük bir felaketti. Kabe zahiren boş bir bina, bir sembol...

İbadetler Allah'a...

Mescid-i Nebevi'ye gelip, dövünüp, çırpınanlara hayret etmişimdir, halbuki sünnet-i seniyyeye ittiba etseler yeter.

İslâmiyet'te doğum, ölüm, nişan, düğün önemli değilken, bugünün insanları bunlara büyük önem vermiş. İslâmiyet'i öğrenmek, anlamak, yaşamak önemliyken, öyle bir hayat yaşıyoruz ki, önemli olanı terk etmiş, önemsiz olana hayatımızı vermişiz.

Ölüm, bir hayat şeklinden diğerine geçiştir, dünya hayatının hesabını vermeye gidişir. Ölüsünü mezarda arayan insan ne kadar gafil!!

Ecnebiler İslâm prensipleriyle süper güç olurken, müslümanlar gavur adetleriyle batıyor...

Bu mezar, başka mezar

Gitme ey yolcu, beraber oturup ağlaşalım,
Elemim bir yüreğin kârı değil paylaşalım:
.....
Ah, karşımda vatan namına bir kabristan
Yatıyor...

Hani, Onuncu Yıl Marşı vardı: "On yılda on milyon genç yarattık her yaştan" diyorlardı. O günlerde dünyaya gelenlere Yaratan unutturuluyordu, bir sürü insan yaratıcı oluyordu, böylece gençliğin imanı yakılıyor, dinsiz bir nesil yetiştiriliyordu.

İşte Safahat, bu gençliği İslâm'la buluşturan nadide eserlerden biridir.

Akif, yukardaki şiirini 1913'de yazmış, Osmanlı'nın felaket günleri, her tarafta açlık, yoksulluk, kan, dullar, yetimler... Vatan, baştan başa bir mezarlık, herkes bir dehşet içinde.

İstiklal Savaşı'ndan sonra yaralar sarılmaya, tarlalar ekilmeye başladı.

Hiç unutmam Türkiye'de hem 110, hem de 220 volt elektrik üretildiğinden, ülkemiz transistör mezarlığına dönmüştü.

Arkasından ithal arabalar birbirini takip etti, bu sefer "araba mezarlığı" başladı.

Hele kahveler, kulüpler, zamanı öldüren insanlarla doldu, memleket bir nevi fazilet mezarlığıydı.

Akif ne güzel söylemiş:

Madem ki didinmez, edemez, uğraşamazsın,

İksir-i beka içsen emin ol yaşıyamazsın!

Evet, böylece bir sürü "dipdiri meyyid" türedi. Yani maddeten dirildiğini sananlar, manen ölmüştü. Medeniyet de "tek dişi kalmış canavar"a dönmüştü.

Sonra çeşit çeşit ideolojiler, peşpeşe su yüzüne çıktı, 1960'dan 1980'e kadar eylemlerini sürdürdü, onlar da "ideoloji mezarlığı"na gömüldü, son temsilcileri de Müslümanlar'ın zayıflığı sayesinde ayakta durabiliyor.

Doğu Anadolu fabrikalar mezarlığı, Batı Anadolu da bilgisayarlar, hastahane cihazları, okul cihazları, kısacası elektronik cihazlar mezarlığı...

Trafik kurbanlarına, anarşi kurbanlarının mezarlarını eklerseniz, hapishanede ve hastahanelerde yapan eğitim kurbanlarını bunlara ilave ederseniz, bir ucdan başlıyan mezarların, öteki uca kadar uzandığını göreceksiniz.

Fikri ve ilmi kurban eden partilerin mezarları da inkâr edilemez.

Tükenen ormanlar, açılmayan dağlar, işletilmeyen madenler, boşu boşuna akan nehirler mezarlık sıkıntısı vermiyor mu?

Dikkat ederseniz bu tipten pek çok mezar görebilirsiniz.

Acaba biz de aynı şiiri aynı ıstırapla okuyabilir miyiz?

Gitme ey yolcu beraber oturup ağlaşalım,

Elemim bir yüreğin kârı değil paylaşalım:

Ah, karşımda vatan namına bir kabristan yatıyor...

Kainat, insana göre tanzim edilmiş, dünyaya gelen insan herşeyi hazır buluyor. Bir başka alemde öldük, annemizin vücudunda dirildik. Dünyada öleceğiz kabir kapısından geçip ahiret sarayına çıkacağız...

Ölüyle röportaj

Gece bütün karanlığı ile bastırmış, şehirler yer yer aydınlık... Lambalar, ah bu lambalar, yolsuz insanlara yol gösteren lambalar, "Zulmetle ayrılık bestesi yapan"lara ışık tutan lambalar...

Ölülerin ışığa değil, nura ihtiyaçları var. Bu sebeple mezarlıklar karanlık mı karanlık.

Karanlığın yorganını başıma çektim, ölüyle sırdaş oldum.

– Selamün aleyküm ya ehl-i kubur.

– Aleykümselam ya ehl-i dünya!

– Bizde "dinle alakası olmayanlar"a ehl-i dünya denir, biz ise ehl-i diyanetiz...

– Yani dünyadasınız...

– Orası öyle, ahiretten bakınca dünyayı nasıl görüyorsunuz?

Ölü, burada biraz dalgın dalgın düşündü, parmağıyla çenesini hafifçe kaşıdı:

– Dünya bir okulmuş, orada tahsil yapıp, Allah'ı sıfatlarıyla öğrenmeliymişiz... Allah'ın hakimiyetini anlamalıymışız, cennete layık bir hal almalıymışız...

– Bunu yapanlar da var, yapmayanlar da...

Elini salladı:

– Yapmayanları bir yana bırak. Yapanlar da, ya anlar, ya anlamaz...

– Anlamadım.

– Okula yeni giden bile elektrikten haberdardır fakat elektriği anlamış mıdır? Bunu anlamaya lise bile yetmez, fakülte gereklidir.

– Yani sizce iman etmek, Müslüman olmak yetmez mi?

– İman etmek, ağaçların çiçek açmasına benzer. Akasyalar, hatmiler, zakkum da çiçek açar amma meyva vermez. Meyva vermeyen ağaçları odun diye yakarlar, kereste diye kullanırlar. Müslüman'ın meyvası ibadetleridir, ibadet etmeyen Müslüman meyva vermeyen ağaca benzer. Onu da kereste gibi keser biçerler veya odun gibi yakarlar. Müslümanlar'ın başına gelen felaketlerin sebebi budur. meyva verenler de ikiye ayrılır, kimisi ahlat gibi olup, yenmez, kimisi armut gibidir, yenir. Yenen armut, bitki makamından insan makamına ulaşır. İnsan tekamül etmek için dünyaya gönderilmiştir, bu da İslâmiyet'i yaşamakla olur.

– Sizce dünya nedir?

– İnsan uzun bir yolculuğa çıkmış bir yaratık. Yolunun bir yerinde mola veriyor, işte burası dünyadır.

– Peki, siz ölümü bizzat yaşadınız, nedir bu ölüm?

Güldü:

– Mola yerinden kalkıp, yola devam etmek...

– Ölü bir insan yola nasıl devam eder?

Yüzüme mânâlı mânâlı baktı, acı acı güldü:

– Dedim ya: Biz uzun bir yolculuğa çıkmışız. Yüzlerce sene evvel bir başka alemdeymişiz, orada ölüp, annemizin vücudunda dirilmişiz... Annemizin vücudunda ölüp, dünyada dirilmişiz... Bakınız: Başka alemlerde insanız, annemizin vücudunda yine insanız; amma bambaşka... Dünya da daha başka. Demek ölmek yok olmak değil, şekil, yer değiştirmek, hayatın bir şeklinden diğerine geçmektir.

– Amma mezar...

Bana acır gibi baktı:

– Fizikte okudunuz; madde, enerjinin pekiştirilmiş (yoğunlaşmış) şeklidir. Enerji ise Allah'ın hayat sıfatının bir nevi tecellisi... Mezarın maddesine bakma, ondaki enerjiyi yani sizin tabirinizle atomları, elektronları gör, o kapıdan gir ve hayat sıfatının çeşitli tecellileri üzerinde seyret...

– Peki, öldün ne oldu?

– Bir anlık bir karanlık, sonra kapılar açıldı, bambaşka bir aleme çıktım. Bir baktım yanımdaki dövünüyor: "Neden inanmadım?" diye. Meğer bu adam ahirete inanmazmış, görünce pişmanlığın bini bir para... Beni de büyük bir pişmanlık bastı, çünkü ahirette herşey çok açık görülüyor. Dünyada imanın esasları ne kadar nazari ise burada o kadar açık, o kadar tatbiki...

– Kabir azabı, cehennem falan?

– O pişmanlık ateşi hepsini bastırıyor. Allah'ın ihsan ettiği nimetler, insanların nankörlüğü... Bu mahcubiyet, en büyük ateş.

– Bana ve okuyucularıma bir tavsiyen var mı?

Yüzüme ters ters baktı, azarlarcasına:

– Böyle bir soruyu sorduğun için tövbe istiğfar et. Allah'ın Kur'an'da anlattıkları, Peygamber'in sünnetleri size yetmiyor mu ki, bir de bizden tavsiye veya öğüt istiyorsunuz?

O zaman anladım ki gaflet yorganı karanlıktan daha kalınmış, ölüden izin isteyerek, mezarların diriliğinden şehirlerin ölülüğüne geçtim ve kimsesiz sokaklarda yürüdüm...

Bir toz bulutu ile desenlenmiş talihler
Semavi bağlarını kesmiş pek çok tashihler
Zulmetler nur doğurur, bilen çeker zahmeti
Afakı tutmuş bela bahsetmiyor tarihler.

Ömer Okçu

Politikada ideolojiler

Politikaya siyaset, yöneticilik dersek; ideolojiler de reforma dayanır. Yani sosyal bir grup, arzu ettiği gelişmeyi hedefleyince ideolojik bir davranış ortaya çıkar. İdea fikir olunca, ideolojiyi de fikre dayamak mümkün. Fakat burda eylem, devrim, aksiyon söz konusudur; dolayısıyla, anarşi, terör, gerilla hareketleri ve benzerleri de ideolojinin mallarıdır.

Hiçbir politika kendisini ideolojiden kurtaramamıştır. Amerika ekonomide kapitalist, milli felsefesi pragratizmdir. Menfeatini her şeyin üzerinde tutar.

Komünizmin iktisat sistemi sosyalizm, felsefesi materyalizmdir.

Japonya, Almanya ve gelişmiş ülkelerin bütününde ideolojilerin hakimiyetini görmek mümkündür. Zaten Hıristiyanlar, kilisedeki reformdan yola çıktılar ki, bu bile başlı başına bir ideolojidir. Çin, Hindistan ve Afrika ülkeleri çiğnenmemek için ayağa kalkıyor ki, en azından son ikiyüz senelerini reforma tabi tutmuş vaziyetler.

Süper güçlerin pazarı durumunda olan Türkiye'de, elbette ki süper güçler sayısınca ideoloji olması gerekir.

Osmanlı Devleti yıkılınca yeni bir ideolojiyle Türkiye Cumhuriyeti kuruldu. Devlet, resmi ideolojiye sahip olunca İslâmiyet'le, sosyalizmle mücadele etmek zorunda kaldı.

Devlet, hem iktisat ve siyasal bilgiler fakültelerinde sosyalizmi okuttu, hem de bu rejimi beğenenlerle adeta savaştı.

Hem "Ne mutlu Türküm diyene" dediler, hem de 1944'te Türkçüleri idam isteğiyle yargıladılar.

Hem halkımız Müslüman'dı, hem de Müslüman halkın İslâmiyet'i öğrenmesi 163. maddeyle yasaklanmıştı. 1990'lı yıllarda ordudan atılan dindar subay ve astsubaylar, fakültelere alınmayan başı örtülü kızlar, bir ideolojinin kurbanıdır.

İki dünya savaşına giren Almanya ve Japonya 80 senede 2 defa süper güç olurken, Türkiye'nin kalkınmaması, resmi ideolojiyi sarstı. İşsizler ordusu, yoksulların sayısını artırdı. "Aç midelerden nur topu ihtilaller doğar" teziyle anarşi, terör tırmanışa geçti, bakalım ideolojiyle karın doyurabilecekler mi?

İslâmiyet ideoloji değildir, yani rasyonalizm gibi beynin mahsulü değil. Elbette ki Kur'an, hadisler, akıl, bunların üçü bir bütündür. Aklın burdaki vazifesi İslâmiyet'i anlamaktır. Amma kainatı yaratan Allah, İslâmiyet'i göndermiştir, kâinat nizamı ne kadar mükemmelse İslâm nizamı da o kadar mükemmeldir.

Nasıl ki su ve toprak gibi yaratıklar her asrın ihtiyacına cevap vermişse:.. İslâmiyet de her asrın ihtiyacına cevap verir, çünkü insanı yaratan Allah İslâmiyet'i göndermiştir.

Fakat Müslümanlar'ın 300 senelik anlayışı değişmeli: İslâm medeniyetinin 3 unsuru vardır: İlim, teknik ve İslâm ahlakı.

Dış kaynaklı olan ideolojilerin İslâm'a karşı çıkacağı açıktır. Müslümanlar'ın da İslâm'a sahip çıkmaları en tabii haklarıdır.

Herşey vitrin malı hitabet gözde
Herşey laf-ı güzaf, keramet sözde
Çeliği kemiren sinsi kurt bizde
İlimden, sanattan nişan kalmamış.

Ömer Okçu

Siyasî güçler

Her millette devlet iktidarı devamlıdır, siyasi iktidar ise parlamenter demokrasilerde seçimle iş başına gelir. Bunlara tesir eden unsurlar şunlardır:

Sistem: Eğitimle, anayasayla, kanunlarla, ideolojiyle, örfle, âdetle bir sistem kurulmuştur, iktidarlar buna uymak zorundadır.

İdeoloji: Türkiye gibi ülkelerin resmi ideolojisi vardır, siyasi iktidara yön verir.

Devlet sistemiyle resmi ideoloji, büyük olaylarla kurulduğundan, yine büyük olaylarla değişir. Büyük insanlar, büyük olayları meydana getiremez; büyük olaylar ise bir kısım insanları büyütebilir.

Savaşlar, iç karışıklıklar, anarşi, terör, ekonomik sıkıntılar, sistemin de, ideolojinin de değişmesine sebep olabilir. Bazan bir insan dünya haritasını da değiştirebilir.

Siyasi partiler: Her parti iktidar yarışındadır. Bunun için iktidar partisini yıpratmaya çalışır. Particiliğin esası muhalefettir. Muhalefetin sınırı da nerde başlar, nerde biter? Bu sebeple parlamenter sistemler çok kere karışıklıklara sürüklenir. Buna rağmen diktatörlükten daha faydalı görülür.

Baskı grupları: Sanayiciler, ordu, üniversite, belediyeler, emniyet teşkilatı, fikir grupları, cemaatlar gibi teşkilatlar, iktidarı ele geçirme amacı gütmezler, fakat iktidarın hareketlerini sınırlarlar. Hükümetler her icraatında, baskı gruplarını hesaba katmak zorundadır.

Elbette ki her baskı grubunun kendine ait bir veya birkaç ideolojisi bulunur, o zaman da ideolojik mücadeleler başlar. İktidarlar, baskı gruplarını bölerek gücünü artırabilir.

Kuvvetler dengesi: Son 300 senedir ekonomik üstünlük politik hakimiyeti getirmiş, o da dünya ülkelerini kutuplaştırmıştır. Meselâ 1946'da dünya devletleri Rusya ve Amerika olmak üzere iki kutupluydu. Sonra üçüncü dünya ülkeleri doğmuşsa da bunlar kutuplara tesir edememiştir.

Bugün Amerika dünyanın jandarmalığını yapsa da, Almanya, Çin, Hindistan ve Müslümanlar **kuvvetler dengesinde** yerini alabilir.

Türkiye, Rusya'ya karşı Batı ile 50 kadar sözleşmeye imza atmış. (Batı deyince Avrupa, NATO, Amerika akla gelmeli). Bu imzaların bazıları ancak ve ancak savaşla silinebilir.

Politikaya ekonominin yön verdiği bir devirde yaşıyoruz. İthalat, ihracat ekonominin vaz geçilmez iki unsurudur. "Malınızı almıyoruz!" deseler, iktidar, iktidarsız duruma düşer.

Hiçbir iç karışıklık, bir bürokratın desteğini almadan gerçekleşemez. Ne yazık ki bir kısım bürokratlar da yabancı güçlerin tesirinde kalır.

Süper güçler, bazı ülkeleri karıştırarak hem yeni pazarlar edinir, hem de politik gayesine ulaşır.

Türkiye gibi ithalatı fazla ülkeler, yedek parça almasa teknoloji mezarlığına döner.

Amerika, Rusya ve Almanya gibi süper güçler; politik, ekonomik ve kültürel planlarını çeşitli ülkelerde uygulamaya kor. Bunu yaparken saman altından su yürütür, bir de bakılır ki gelişmekte olan bir sürü ülke, geri kalmış bir sürü ülke var. Bunların devletleri, hükümetleri çok şey yapar fakat ilerleyemezler. Çünkü süper güçlere pazar gerek!

Nedir, benden kopan, kaçan o nedir?
Ufuklarda bize ağlıyanlar kim?
Hürriyet zevkle, menfeate esir,
Yaşıyan Şarlo'dur, ölense Selim.

Ömer Okçu

Yeşil kuvvetler

Rus Devlet Başkanı Gorbaçov ile ABD Başkanı George Bush, 2-3 Aralık 1989'da Malta açıklarında, bir savaş gemisinde, bir araya geldiler. 1946'dan beri devam eden Rus-Amerikan düşmanlığına son vermek, yeni düşman bulmak hususunda anlaştılar.

Dünya petrollerinin ekserisi Müslümanlar'ın elindeydi. Müslümanlar sadece "petrol satmıyoruz" deseler, Hıristiyan dünyası felç olurdu. Ayrıca dünya petrollerinin bir ömrü vardı. Öyle ise Müslümanlar'ın elindeki petrol, Hıristiyanlar'ın petrolünden önce bitmeliydi...

Müslüman nüfus gençti. Gençler kahveden camiye dönüyordu.

1918'den bu yana elliden fazla İslâm ülkesi türemişti.

Petrol, maden, nehir ve ziraatda da dünyanın en zengin coğrafî bölgesi Müslümanlar'ın elindeydi. Bu haliyle Müslümanlar potansiyel bir güçtü, her an harekete geçebilirlerdi.

Öyle ise Rusya çöken ekonomisini düzeltmeli, NATO da kendisine yeni bir düşman bulmalıydı.

Bilindiği gibi Türkiye, 1952'de NATO'ya girdi. Bu kuruluşta 16 ülke vardır, 15'i Hıristiyan, sadece ülkemiz Müslüman'dır. Sadece Türkiye dini meselelere direnç gösterir, diğerlerinde ise din, vazgeçilmez bir gerçektir.

NATO ordularından olan silahlı kuvvetlerimiz, manevralarda askeri iki kısma ayırırdı: Mavi kuvvetler, kırmızı kuvvetler. Filamalar, bantlar, pazubentler böyle düzenlenirdi.

Mavi kuvvetler NATO'yu, kırmızı kuvvetler ise Sovyet Sosyalist Cumhuriyetler Birliği'ni temsil ederdi. Zira Rusya'nın renk kodu kırmızıydı, bu sebeple bizim sosyalistler, kızıl şafakta, kızılcıkla uyanmayı çok severdi.

1989 Malta Andlaşması ile Rusya ihtilallerden, soğuk savaşlardan ve yayılmak isteğinden vaz geçiyordu. Yani kırmızı kuvvetler artık yoktu. İyi amma NATO'ya bir düşman gerekti. Çünkü düşmanı olmayan bir ordunun ayakta kalması, hatta eğitim yapması, varlığı bile mânâsızdı.

Ve, NATO bir düşman icat etti: Müslümanlar!

İslâmiyet'i yeşil renkle kotladılar. Bu sefer NATO orduları manevralarda, mavi ve yeşil kuvvetlere ayrılarak tatbikatlarını sürdürmektedir.

Türkiye bir İslâm ülkesidir, halkımız Müslüman'dır, ordu da bu Müslüman halkın içinden çıkmıştır...

Manevralarda askerlerimiz, evlatlarımız, ikiye ayrılır: Mavi ve yeşil kuvvetler... Yeşil hem İslâm'ın kodu, hem de düşmanı temsil eder. Mavi kuvvet kumandanı: "Düşman, değirmen tepe bölgesine çıkarma yapmıştır, tankı, topu şu kadardır" der, askerimiz yeşil kuvvetlere NATO da İslâm'a saldırır. 3-4 saat sonra mavi kuvvetlerin zaferi ilan edilir, yani NATO galiptir.

NATO Hıristiyanlığa dost, İslâm'a düşmandır.

NATO sadece askeri bir güç değil, bunun, sosyolojik, psikolojik, ekonomik, politik ve kültürel yönleri de vardır.

Acaba ordunun dindar subay, astsubaylara, askerî öğrencilere, başörtülü hanımlara uyguladığı baskının sebebi NATO mudur? (1995).

Hiç ümitsiz değiliz, NATO da yıkılır, İslâmiyet devam eder. İslâmiyet devam etmezse kainat da dağılır. Allah, kainatla İslâmiyet'i ruhla ceset gibi yarattığından ya ikisi beraber yaşar veya biri giderse öbürü de gider. Demek ki kainat devam ettikçe

İslâmiyet de devam edecektir.

Sanmaki mümkündür bu belanın defi
Yersin tekmesini ahbabınsa katır
Tadılmazsa insanlığın şerefi
Arta hayvan olmanın azabı kalır.

Ömer Okçu

NATO'ya brifing

Geniş bir salonda Noel Baba, masada yerini aldı. Etrafına bir göz gezdirdi, pencereden uçaklar görülüyor, duvarlarda atom bombası, savaş manzaraları, tanklar ve NATO kuruluş şeması: Askerî, ekonomik, sosyal, kültürel bölümler... Bir andlaşma değil, bir dünya! Sonra salondakilere dönüp:

"Sayın NATO yöneticileri! Tarihi baştan almak, anlaşmayı kolaylaştırır. Roma İmparatorluğu Hıristiyanlığın baş belasıydı, Doğu Roma, diğer ismiyle Bizans İmparatorluğu ile ondan intikamımızı aldık, Roma, bugün bizim elimizde.

Altıncı asrın başında İslâmiyet çıktı. Pekçok Hıristiyan Müslüman olurken İslâmiyet hızla yayıldı, 1258'de Hülagu ile onlardan da intikamımızı alıp, Abbasiler'i tarih sahnesinden sildik.

Müslümanlar Kuzey Afrika'yı dolaşıp, İspanya'ya geldiler, 788 sene orda yaşadılar, 1479'da kadın, çoluk, çocuk, hepsi kılıçtan geçirildi, kitaplar yakıldı, mabetler yıkıldı, kısacası İspanya'da Müslümanlar'dan iz bırakılmadı.

Bu sefer Osmanlılar doğudan sefere başladı. Onlara Haçlı Seferleri'yle cevap verdikse de, 400 sene Belgrat'ta oturabildiler. Amma 1918 senesi sadece Osmanlı'nın değil, İslâmiyet'in bitmesi, tükenmesi demekti.

İşte Sayın NATO, ne olduysa bundan sonra oldu, "tükendi" dediğimiz yerde 56 İslâm ülkesi türedi. Bir buçuk milyar Müslüman var diyorlar, doğrudur. Bunların yarısı esir, yarısı da 56 ülke olmuş. Siz ekmeği parçalarsınız yutmak için değil mi? Biz de bunları parçaladık, anlıyorsunuz ya...

Fakat rahat durmuyorlar, İslâm ülkesi olmaları yetmiyormuş gibi, İslâm devleti olmaya kalkışıyorlar. Şu Türkiye yok mu, ah o Türkiye, ayağa kalkması bir yana, tarihiyle, medeniyetiyle irtibat kurmaya çalışıyor. NATO bu hususta gevşek davranmıştır, bunu bilesiniz. Şimdi Gümrük Birliği, Avrupa Topluluğu hikayeleriyle onu altın kafeste besleyeceğiz.

Pakistan nükleer enerjiye el attı, elini kırdık. Libya'yla Irak kimya sanayisine kaydı, tokatı yedi. İran İslâm devleti olacakmış, gülerim...

İsrâil'i korumalıyız, zira ondan korkan İslâm ülkeleri bizden silah alıyor, bakınız, ne güzel ticaret!

Rusya dinsizliğe kaydı, sonu ne oldu? Hayır, dinsizlik de yok, İslâmiyet de! Sadece NATO var. Ama şunu hiç bir zaman unutmayın ki 300 senedir ekonomik savaş devam ediyor ve edecek! Bugün dünyanın 40 yerinde savaş varsa bunun da sebebi ekonomi! Harp sanayiisi nasıl sürecek?

Bosna, Çeçenistan ve PKK sadece ve sadece ekonomik savaşın çeşitli renk ve şekillerde tezahürleridir.

Dünya üzerinde 2 millet vardır. Süper güçler ve pazar ülkeler! Artık gözlerinizi kızıldan yeşile çevirin, çünkü bahardayız, sayın NATO yöneticileri!"

İslâmiyetin hangi emrini yapmadık ki 300 senedir sürünüyoruz?

Hakkın hakimiyeti

El hakku yalû, hadis-i şerifini hem Mehmet Akif, hem de Said Nursi işlemiştir. Buna bakarak 300 senedir devam eden gecenin sabahını; kışın baharını, her ikisi de beklemiş ve müjdelemiştir.

Akif'in Safahat'ından anladığımız şudur:

Hakikat mutlaka galip gelecektir. Bu âtıl hal geçecek, Müslümanlar her bakımdan ilerleyecek, bu yükselişe hiçbir şey mani olamayacaktır. Işığa perde çekilse de hakikat güneşi batmayacaktır. Müslümanlar'daki cehalet ve gaflet esas ve asıl değildir, yalan doğruya baş eğecektir. Bulut güneşi gizleyemez, gece olsa ay doğacaktır. Güneş de, ay da batsa o nur yerden fışkıracaktır.

Hata başka hak başkadır. Müslüman başka İslâmiyet başkadır. Şu şaşkın insanlar İslâmiyet'le buluşunca İslâm güneşi doğacak, sabah olacaktır.

Müslüman Müslüman'a dost olup, şahsî günahlarına düşman olduğunda gaflet bulutları dağılacaktır. Müslüman'ın Müslüman'a garazkârlığı (düşmanlığı) biterse ümmet ortaya çıkacak, Müslümanlar bir millet olacak, o zaman kurtulacaktır.

Said Nursi de bu hadis-i şerifi şöyle açıklıyor:

Madem ki hak (İslâmiyet) her zaman galiptir, neden kafir Müslüman'a, kuvvet hakka galiptir?

Her Müslüman'ın her vasfı İslâm'a uygun olması gerekirken her zaman böyle olmuyor.

Her kâfirin her vasfı da İslâm dışı olması gerekirken bu da olmuyor.

Demek ki kâfirdeki İslâmî prensipler, Müslüman'daki kâfir prensiplerine galebe çalmaktadır.

Meselâ ilim, teknik, çalışkanlık, beceriklilik İslâm'ın malıdır, bu meziyetler Moskova'daki sosyalistte olsa...

Cehalet, tembellik, beceriksizlik de gâvur âdetleridir, bunlar da Mekke-i Mükerreme'deki Müslüman'da bulunsa...

Moskova'daki İslâmi prensipler, Mekke'deki gavur prensiplerine galip gelir.

Demek İslâmiyet hiçbir zaman üstünlüğünü kaybetmemiş, o her zaman, her yerde galiptir.

Çünkü insanı yaratan Allah, İslâmiyet'i göndermiştir. İnsanla İslâmiyet bütünleşince büyük bir güç doğar.

Müslüman İslâmiyet'i, dini eserlerden öğrenir; ecnebi de tecrübelerle aynı noktaya gelebilir.

Allah'ın emirleri hem Kur'an'da, hem de kainat kitabında mevcuttur.

Kainat kitabındaki emirler, okul ders kitaplarında kanun, formül, denklem, teorem olarak toplanmıştır ki, bunlara şeriat-ı fıtrî, şeriat-ı kevnî ve adaletullah denir. Tabiat kanunu veya doğa yasası denmesi yanlıştır. Çünkü tabiatı Allah yaratmış, tabiat kanunlarını da O koymuştur.

Okul ders kitapları, bir kısım ayet ve hadislerin şerh ve izahı olduğundan, okulla caminin bütünleşmesi şarttır, çünkü ilim, Allah'ın sıfatıdır; dinli, dinsiz kısımlara ayrılamaz.

Madem ki bir kısım ülkeler fizik, kimya gibi bilim dallarıyla süper güç oldular, öyle ise onlar da şeriat-ı kevni ile bu hale gelmiştir.

Müslümanlar mağlup olsa da, İslâmiyet her yerde galiptir.

Eğer İslâmiyet kitapta kalmış, tatbikata çıkmamışsa... Müslümanlar hakla bâtılı karıştırmış, kuvvetsiz ve şaşkınsa; Allah, onlara bir düşmanı musallat eder ki, gaflet uykusundan uyansınlar.

El hakku yalû: İslâmiyet, dünyanın her yerinde üstünlüğünü devam ettirirken, Müslüman İslâmiyet'le bütünleşince, bir buçuk milyar Müslüman'ın da galip geldiği görülecektir. Bu sebeple istikbalde en gür seda İslâm'ın sedası olacak, Asya'nın yeri, göğü İslâm'ın eline geçecektir.

Takvim yaprağıyla beraber gününü çöpe atan insanlar çoktur.

Erozyon

Fransızca bir kelimedir, aslı erosion, manası ise: Atmosfer olayları sebebiyle yeryüzünde meydana gelen yıpranma... Bunun en basit örneği, ormanlar yakıldıkça, sel sularıyla beraber toprak kayıp gitti, geriye ziraata elverişsiz taşlar kaldı.

Erozyon olayı bir tarafı bozkıra çevirirken, öte tarafta alüvyon (Alluvion) ovaları meydana getirdi.

Yanlış yerleşim sebebiyle verimli ovalara şehirler kuruldu, yazın nefes alınamadı, kışın hava kirlendi, manzaradan da mahrum kalındı...

Yeşile düşman olanlar ormanları yaktı.

Yine onlar yemyeşil ovaları taş yığınına çevirdi.

Basiretlerinde renk körü olanlar yeşili göremeyince sarıya, kızıla aşık oldular.

Yirminci asrın günah selleri sevapları alıp götürdü; bu da erozyonun bir başka çeşidi, geriye ibadetsiz Müslümanlar kaldı.

Allah'ın rahmeti her yere yağan müsavi yağmurken, taşlar ondan faydalanamadı.

İmanı yaktılar, iyilikleri kuzey rüzgarları götürünce, artık ne gözyaşı silen, ne de yara saran var!

Suya sabuna dokunmayan insanlar kirlendikçe, çevre kirlendi, atmosfer kirlendi; meyhanelerin temizliği gündeme geldi.

"Bana dokunmayan yılan bin yıl yaşasın" diyenler, yılan gibi zehirlemekten zevk alan insanların türemesine sebep oldu.

* * *

Özellikle seyahatlerimde erozyona uğrayan yamaçları görür: "Ah, manevi erozyon da görülse" diye kederlenirim. Hayret bir şey, maddi erozyonla, manevi erozyon nasıl da birbirini takip etmiş. Bana sorarsanız evvela manevi erozyon başlamış, diğeri peşinden gitmiş.

Bu erozyon, Müslüman'ı, İslâmiyet'ten ayırmış... Müslüman ülkelerde bile her türlü harama serbesti tanınırken, her türlü helale sınır konmuş...

Bu erozyon hürmet, merhamet bırakmamış; evlerde huzur kalmamış, huzurevleri açılmış...

Ahde vefa, emanete riayet... Bunlar ve arkadaşları anlaşılmaz şeylermiş...

Çık da İslâm medeniyetini ara! Şanlı tarih bile nostalji olmuş.

İlim,teknik, çalışkanlık, beceriklilik gibi meziyetlerimiz erozyona uğramış; aynı şeyler Avrupa'yı alüvyonlu ovalara çevirip, onları üstün kılarken, bizi de geri bırakmış...

Erozyon! Maddi ve manevi hayatımıza şekil veren bir olay, keşke anlaşılsa...

Sevgilisinin başına attığı taşlarla "Aşk Sarayı"nı kurduğunu zanneden divaneler çoktur.

Menan Cinleri

Benim için Almanya'da her şey değişik. Bu sebeple, beni şehirden şehire gezdiriyorlar, gittiğimiz her yerde tefsir dersleri ve sohbet...

Hassels'e yakın Gelsenkirchen'e geldik, arabamız, altı köşeli, minareli muhteşem bir caminin önünde durdu. Doğrusu Almanya'da böyle bir şey harika! Arkadaş:

– Mescidi Aksa Camisi...

Dedi, indik. İner inmez, bir de baktım ki bizim Menan Dede orda.

İşin içinde iş var diye hafif sesle selam verdim. Gözlerimin içine bakarak mânâlı mânâlı güldü.

Yatsı namazı kılınmış, cemaat dağılmış amma bu ulu mabedin dışı pür ışık. Anlaşılan ziyaretçisi çok.

Menan Dede hemen bir Alman ailesine yaklaştı:

– Af edersiniz, bu cami için ne düşünüyorsunuz?

Adam düşünmeden cevap verdi:

– Biliyorum, Türkler İslâm'a hizmet ediyor. Bu halleriyle, diğerlerinden farklı.

Hemen karısı söze karıştı:

– İnanıyorum ki bu camiyi de Türkler yapmıştır, ne şirin, ne güzel şey.

Kocası onun sözünü tamamladı:

– Müslümanlar'a iki teşekkürüm var: Birisi ülkemize böyle tarihi bir eser kazandırdılar, ikincisi ise üç milyon markı Türkiye'ye götürmeyip, burada harcadılar. Onlara ne kadar teşekkür etsek azdır.

Menan Dede de onlara teşekkür etti.

Menan Dede'yi takip ediyorum, beni aldı, hemen kahveye götürdü. Aaa, Türkiye'nin aynı: Tıklım tıklım dolu küçük bir kahve, sigara dumanları, tavla, kağıt oyunları...

Döndüm camiye baktım, bomboş... Kahve dopdolu... Yirmi beş bin Türk'ün yaşadığı bir semtte altmış tane kahve var, hepsi dolu cami boş.

Üzüldüm.

Menan Dede hemen bir adamın gönlüne girdi, orda bana da bir alem açtı ve sordu:

– Cami boş...

– Cuma ve bayram namazlarında doluyor.

Adam bunu sevinerek söyledi.

Menan Dede:

– Bu caminin yerine beş katlı bir bina yapsaydınız, altı çarşı, üstü cami... Üstte üç kat da talebe yurdu olsaydı, orda talebeler ders çalışsa, yatsa, kalksaydı, hem camiye cemaat olsalardı, hem de üniversiteyi bitirselerdi nasıl olurdu?

Adamın gözleri açıldı:

– Çok iyi olurdu...

– Neden böyle yapmadınız?

– Diyen olmadı.

– Şimdi cemaatsiz cami neye yarar?

Adamın suratı karıştı:

– Hayır! Cemaat var...

Menan Dede "cemaat" dediklerinin iç alemini açtı gösterdi: Arabça, tefsir, hadis, siyer yok.

Döndü, camiyi işaret ederek:

– Muhteşem mabet!

Döndü kahvehanedekileri göstererek:

– Viran cemeat!

Dedi ve devam etti:

– Kahve de zaman öldürenler, zamanın kıymetini bilmez. Zamanın kıymetini bilmeyenler kıymetsiz olur. Acaba kıymetsiz insanlar, kıymetli bir dini ne kadar temsil edebilir? O zaman, şu ulu mabet taş yığınından ibaret kalmaz mı?

Adam inledi:

– Öyle söyleme,ben ümidimi buna bağladım. Tam iki bin mark verdim ki ahiretimi kurtarayım diye... Şimdi ümitlerimi yıkıyorsun, "Taş yığını" diyorsun...

Baktım adamcağız ağlıyordu.

Menan Dede, birdenbire kolunu salladı, kendimizi bir başka alemde bulduk: Aaaa, o da ne? Korkunç bir sel, pis mi pis. İnsanlar çöp gibi sele kapılmış gidiyor.

Adamcağız haykırdı:

– N'olur kurtarın, kurtarın, evladım gidiyor.

Menan Dede döndü camiyi gösterdi, sonra kahveyi ve sele kapılan gençleri...

– Bu günah seldir, yavrularımızı alıp, götürüyor. Onları yurtlarda ve kolejlerde koruyabiliriz, dedi.

Adamın elleri havada kaldı, ağlamaklı yüzle kıpkırmızı kesilmiş, sanki donmuştu.

Bir de baktım, kahve de o sele kapıldı. Bağırdım:

– Menan Dede!

Döndü, sert bir ifade ile:

– Haydi, sen dersine git!

Menan Dede de bulutlara doğru yükselirken, Avrupa semaları çınlıyordu.

– Şimdi cemaat yetiştirme zamanı!

Trafik kaidelerine dikkat ettiğimiz kadar, helal-harama da dikkat etsek dünya ve ahiretimiz cennet olur.

Yanlış anlayışlar

Robotlaşan insanlardan söz edilince aklıma robotlar geldi. İnsanların pek çok işini, insanlardan daha iyi yapan, bir bakıma insanlara benziyen robotların dinlisi de, dinsizi de yok. İnsanlara faydalı olan robotların cennete giremeyeceği, düşündürücü değil mi?

Sahi, "robotlaşan insanlar" ne demek? Hela, sofra, iş üçgeninde ömrünü tüketen, etliye sütlüye karışmayan, "bana ne?"ciler, ot gibi yaşayanlar mı?

Otlar da faydalı amma onları çiğneyen, biçen, yakan çok.

* * *

"İnsanın hayırlısı, insana faydalı olandır" buyurulmuş.

Düşündüm de, insana en faydalı olan inektir. İneğin sütünden, etinden, danasından, kısacası herşeyinden faydalanıyoruz. Hiç de zararı yok.

* * *

"Amelleriniz niyetinize göredir" buyurulmuş.

Mevlana Celaleddin-i Rumi şöyle bir hikaye anlatır:

Avcının biri ayıyla karşılaşır karşılaşmaz okunu atmış.

Ayı aniden fırlayınca, avcı kendini yere atıyor.

Ayı gelip, avcıyı okşuyor ve dost oluyorlar. O zaman bakıyor ki, attığı ok ayının elindeki yarayı deşmiş. Yaranın ıstırabından kurtulan ayı da, avcıyı sevmiş. Nerden bilsin ki, avcı onu öldürmek için attı? Ayı aklı işte...

Ne ise, avcı yarayı pansuman etmiş, sarmış, ayı da ona köle olmuş.

Bir gün avcı uyumuş, sinek gelip, yüzüne konmuş. Ayı elini sallayıp, onu kovmuş.

Sineğin muzırlığı tutmuş, tekrar gelmiş; ayı tekrar kovmuş... Küçücük sinek kocaman ayıyla alay etmeye başlayınca, ayı da kocaman bir taş almış, sinek avcının burnuna konunca, taşı olanca şiddetiyle indirmiş...

Sinek öldü mü, ölmedi mi bilmeyiz amma avcı öteki dünyayı boylamış...

Aslında ayının niyeti çok iyi, sineği öldürüp, dostunun rahat bir uyku çekmesini istemekti. Fakat iş, tersine gitmiş, avcı can vermiş. Allah böyle dostlardan Müslümanları korusun. Şu misal de gösteriyor ki, iyi niyetlerin de hepsi iyi sonuç vermeyebilir. İslamiyet nakildir amma, onu akılla da anlamak gerek.

* * *

Buyurulmuş ki: "Bilenlerle bilmeyenler hiç bir olur mu?"

Teyb bantlarına Kur'an'ı, tefsirleri, hadisleri, siyerleri, fıkıhı doldurun. Hangi konuyu istiyorsanız, ilgili bandı koyup, dinleyin. Teybden daha âlim, daha hatip kim olabilir?

Fakat teybler de cennete giremez, çünkü ilmiyle amil değil. Ona göre İslâmiyet nazaridir, tatbikatı yoktur. Müsteşrikler (oryantalistler) de böyledir.

Teybler eskiyince çöplüğe, yahut ateşe atılır.

Bir kısım Müslümanlar'ın hali de buna benzer.

Demek ki sadece ilim yetmiyor, İslâmiyet'i öğrenmek ve yaşamak gerek.

Ayette de "Bilenlerle bilmeyenler hiç bir olur mu?" derken, gerçekleri bilmek kastediliyor, yoksa ilmin hamalı olma değil.

Kainat bir kitaptır, her yaratık onun bir sahifesidir. Bunu ancak insan okur.

Sinek ve biz

Buzdolabını açtım, içeri bir sinek girdi, kapattım. Birdenbire karanlığın içine düşen sinek şaşırdı, bir yere tutundu. Karanlığa alışınca baktı ki kimsecikler yok, bol bol da yiyecek... Aman ne sevindi, ne sevindi! Her şeyin üzerinde bir tur attı, tabii en güzeli reçeldi, hemen tabağına kondu. Bir lokma aldı, aaa, bu da neyin nesi, vücudu kaskatı kesildi. Şimdi o reçele, reçel de ona bakıyor.

Durumu bildiğim için kapağı açtım, reçel tabağını aldım, bizimki kapaklanmış, duruyordu. Kulağına eğildim: "Hemşehrim sen de Müslüman mıydın?" dedim.

Hani bizim Müslümanlar da çağın nimetleri içine düştüler: Mobilyalar, kristaller, makinalar, çeşit çeşit yemekler. Fakat mübarekler buz kesildi: Bırakın mahalleyi, aynı apartmanda oturanlar birbirini tanımıyor. Çatık kaşlar, heykel gibi durup, Mareşal Tito gibi yürüyenler...

Buna da "olabilir" derdik amma, efendim, millet, ümmet gitti, mücadele azmi yön değiştirdi.

Nefisle mücadele yerine aile fertleri, akrabalar birbiriyle mücadeleye başladı. Huzurlu aileyi mumla ara.

Düşmanla mücadeleyi bırak "Kötülere karşı kendimizi nasıl koruyacağız?"

Kazara bir Müslüman'a sorsan "İslâmiyet nerde?" diye, herhalde "Karşı dağın ardında" diyecek.

Bu tabir size acaip geldi, değil mi? Yarım asır evvel "Teokrasiyi attık, cumhuriyeti kurduk" diyenler, sık sık "Teokrasiye karşıyız" diyerek de, bürokratlardan, teknokratlardan, aristokratlardan (Aman Allah'ım ne acaip isimler) işte bunlardan prim toplayıp, koltuklarına 404'le yapıştılar.

Teokrasi dedikleri İslâmiyet'ti... Açık açık söyleseler millet uyanacak. İyisi mi, cahil bıraktıkları milletin cehaletinden istifade etmeli...

Lisan öğrenenlerin sayısı arttıkça teokrasi oyununu bıraktılar "şeriat" oyununa başladılar: "Şeriat gelmemeli'ymiş... Şeriata karşılar...

Teokrasi diye İslâmiyet'i yabana attılar, şeriattır diye gelmesini istemiyorlar, Müslümanlar da konfor içinde dondu!

Zavallı bizim sinek, ne kadar emin bir yer; ne kadar da bol yiyecek bulmuştu, nerden bilsin ki buzdolabı onu donduracak!

Buz gibiyiz, selam versek adamın kaşları zor oynuyor. Mübarek buz kesilmiş kaşlarını zor oynatıyor.

Çığ gibi yuvarlanıyoruz...

Acaba bahar gelse, buzlar, çığlar erise, ortalık bataklık mı olur?

Ah DOĞRULUK! Eminim ki kurtuluşun sancağı, senin burcunda dalgalanacak!

Ekseriyetle büyük evlerde küçük insanların oturması, en güzel yerlerde en büyük günahların işlenmesi, insanlık için talihsizliktir.

Milyonlarca dolarlık evler

Evlerin artması ahir zaman alametlerindendir. Çünkü büyüklerde merhamet, küçüklerde hürmet azaldı, artık gelinle, damatla, torunla bir evde oturmak mümkün değil. Öyleyse evlenen oğula ev, evlenen kıza ev... Derken aileler küçüldükçe küçüldü, evlerin sayısı arttı. İnsanların bozulması, kıyamete davetiyedir. Gün gelecek, insanlar o kadar bozulacak ki, dünya yaşanmaz hale gelecek, en kötü insan bile kötülükten yaka silkip, kıyametin kopmasını isteyecek.

Evlerin artması beceriksizliğin de alametidir. Fabrika kuramayanlar, laboratuvar açamayanlar, atölye çalıştıramayanlar, sermayesini inşaata yöneltecek, iş yaptığını zannedecektir.

Hele evlerdeki mefruşat, mobilya, kristaller... İtibarını eşyadan alan insanlar, dünyanın ömrünü ne kadar uzatabilir?

Öyle insanlar vardır ki hırkası milyonlarca lira eder... Öyleleri de vardır ki milyonlarca lira verip aldığı eşyalar, ölümünden sonra bitpazarına gider.

Kıymetsiz insanların parası kıymetsiz olunca dolarla, markla iş yapılıyor.

1995 Türkiyesi'nde sekiz yüz milyonluk ev müşteri bulamazken sekiz milyarlık evler kapışılıyor. Kapitalizm, bir kısım insanları zengin ederken, bir kısım insanları da peynir parasına muhtaç etmiş. İslâmiyet'teki kitle kalkınması ise unutulmuş. Peynir almakta zorluk çekenlerden bazılarının da sigaradan şaraba kadar ayağı kayıyor ve kahveyi mesken edinebiliyor.

Eşyalar evlere sığmıyor, 80 metrekarelik evlerin yerine 160, 240 metrekare evler gelirken, lüks villalar 780 metrekare olabiliyor. Ölüm olmasa ne kadar iyi.

Türkiye'de şehircilik başlı başına bir felaket: Daracık sokaklar, birbirine girmiş evler, parkı, spor sahası olmayan beldeler. Bir de arabaları düşünün... Ve, itişip, kakışan çocuklar...

İstanbul, Türkiye'nin dengesini bozmuş. Sanayiyle beraber milyonlarca insan buraya yığılmış. Bir zamanlar dünyanın ilim, irfan merkezlerinden biri olan bu şirin belde, şimdi yaşanmaz hal almış. Haliç'in etrafındaki binalar yıkıldıkça İstanbul güzelleşti. Tahmin ederim yıkıldıkça güzelleşen tek şehir İstanbul'dur.

Geceleyin perdeyi çekmiyenler çok. Nasıl olsa evdeki kıyafetle dışardakinin farkı yok. Hatta bir yazar: "Bazılarında yatak kıyafeti, sokak kıyafetinden daha kapalı olabilir" diyordu. Bunun için yaz aylarında büyük şehirlerin küçük insanlarını seyretmek yeterlidir.

Pahalı evler!

Para her şeyi halletseydi pahalı evlerde huzur, sıhhat ve nezaket de olabilirdi.

Pahalı evlerde köpek besleyenlerin sayısı gün geçtikçe artıyor, demek ki başka dostları kalmamış. Onlara ihanet etmiyen belki de yalnız köpekleri...

Pahalı evlere hiç mi hiç karşı değilim, keşke bu hal, materyalizmin içinde yer almasaydı. Yani maddeye önem verildiği kadar İslamiyete de önem verilseydi.

İnsan para bulur sıhhat bulamaz
Parasız da hiç bir şey olmaz.
Ev alır, huzuru arar
Evlenir saadeti bilmez.
Araba alır bir yere gidemez
Yazlık alır, oturamaz.
Taht yapar, baht yapamaz
Kendine bile sözü geçmez
Kısacası böyle gelmiş böyle gider.

Yıkılan ümitler

Tıp fakültesinde başarılı bir öğrenciydi. Doktor olacak, para kazanacak, itibarı artacak, herkes: "Doktor Hanım" diye etrafında dört dönecekti... Güzel bir evi, mobilyalar, kristaller... bir de vefalı, efendi eşi... Yavrusunu da düşündükçe, ayağını yere sağlam basıyor: "Yaşamak ne güzel!" diye uçuyordu.

Ne lisede, ne de üniversitede kendisine "hayat arkadaşı" seçmemişti. Onlar "sınıf arkadaşı"ydı...

Bir başka fakülteden... Evet bir başka fakülteden, "bir başka" öğrenciyle tanıştı. "Önemli değil" dedikçe önemi arttı. Kibar, zengin bir gençti. Zenginliğine önem vermedi amma önemli olan yönleri vardı. Sonra sözleri: "Sevgilim, hayatım..."

Artık karar vermişti: "Bu, benim hayat arkadaşım olabilir."

Günler, haftalar böyle geçti. Her fırsatta buluşup, mesut yuvalarının temelini atıyorlardı.

Okulda, hummalı ders, tatilde gezip tozmalar, hayatını dengelemişti. Bir de baktı ki haftalar değil, aylar geçip gitmiş, neredeyse seneler sıraya girmişti.

Bir gün, palmiye ağaçlarının içinde, o büyük evde, büyük salonda oturup, denizi seyrederken delikanlı:

– Bak sevgilim, bana büyük ümitler bağladın, biraz daha dikkatli olsan...

Genç kız hemen sözünü kesti:

– Bunun şakası bile kötü!

Kötü amma işin şakası, makası yoktu, delikanlı, "biricik sevgilisi"nden yakasını kurtarmaya çalışıyordu.

Sanki dünyanın en güzel tablosuna zift dökülüyordu.

Genç kızın ümitleriyle beraber hayalleri de suya düşüyordu. Artık ders çalışamaz oldu, gök mavi değil, denizi sevmiyordu, çiçeklerden nefret ediyordu: "Bir insan aylarca yalan söyleyebilir mi? Bir insan iki yüzlü olabilir mi? Bir insan kendi zevki için bir başkasını perişan edebilir mi? Bu muydu aşk? Bu muydu insanlık?!"

"Bir insan" diye diye insanlardan tiksiniyordu. Hümanizme; feminizme, çağdaşlığa sırtını dönmüş, yıkılan dünyasının viranelerine ümitlerini, aşkını gömmüş, şimdi tek başına ağlıyordu.

Bütün gücünü toplayıp yine "o eve" gitti. Karanlık dünyasına ışık isterken, baktı ki, hayatı zifte batmış, o an çılgına döndü ve kendisini pencereden attı, bir çığlık!..

* * *

Öyle bir dünyada yaşıyoruz ki: "Biricik sevgilim" deyip, on ayrı adrese, on mektup gönderen çağdaşlar çoğaldı. Kuş gibi yaşayan bu insanlar, bir yuva bulabilecek mi? Yoksa dünyayı başlarına zindan edenler, gün gelecek kuş olmaya imrenecek mi?

Nice kimseler tanırım, sokakta bulduğunu parkta kaybetti...

Nice kimseler tanırım, Mevla diyecek yerde Leyla dedi.

Şarkılar, türküler hep "sevgili"den söz eder, solistlere sorsan, ihanet denizinde yüzdüğünü söyler.

Fazilet adına ne varsa hepsini yok edip, rezaleti "yaşam" diye gösterdiler.

Önünü görmeyen gençler, ölmediğine bin pişman olacak; faili meçhul cinayetlere bunlar eklenmeyecek, herkes trafik canavarından söz edecek... Halbuki öyle bir dünya kurdular ki, diriler ölülere, ölüler de dirilere ağlıyor.

Her kötü alışkanlık bir prangadır.

Zevkler

Hayalle başlar bu işler. Hayalle ömür tüketenler, hayalle mucit olanlar, hayalle suç işleyenler...

Göz zevki nelere mal olmaz ki?

Kulak zevkiyle şarkılar, türküler, dedikodular...

Ağız zevkine gelince işler büsbütün karışır: Söylenen sözlerin yüzde kaçı işe yarar? Zevk adına helal, haram demeden yenilen, içilen şeyler...

İnsan tepeden tırnağa kadar zevklerin esiridir. Bu işin yaşı, başı yoktur.

Haram ve helal daireler olmak üzere her insanın karşısında iki hayat tarzı, iki yaşama biçimi vardır. Müslüman haram daireden kurtulup, helal dairede yaşamak zorundadır. Ne kadar başarabilirse...

Ecnebiler ise, helal daireye yaklaştıkları ölçüde, İslâm'a da yaklaşmış olacaklarından, onlar, en azından helalla haramı karıştırmak zorundadır. Sosyalistler faizi de, mirası da yasaklayarak helal ve haram iplikleriyle kozalarını örerken... Kapitalistler ise hem dinden yana görünüp, hem de faizli ekonomiden yanadırlar.

Ecnebi de insan, Müslüman da... Ecnebinin ilgi duyduğu herşeye Müslüman da ilgi duyacaktır. Ecnebi sadece zevkler dünyasında yaşarken, Müslüman sürekli helal, haram ayırımına girecek, helal zevklerle örülü, cennete benzer, bir dünyada yaşayacaktır.

İslâmiyet herşeyden evvel dünyamızı cennet etmek için gönderilmiş bir dindir. İslâmiyet'le Müslüman bütünleşince dünyası cennet olur, ahiretteki cennet, Allah'ın bir lütfudur

Ecnebilerin zevkleri, Müslüman'ı kendine çekerken, Müslüman'ın içten gelen (şehvet, hırs, kin) gibi itmeleri, onu gitmek istediği yoldan ayırır.

Hak yoldan ayrılanlar, kendine bir yol çizerken, her yol Sırat-ı Müstakim'e bir açı yapar, günahta ısrar, bu açıyı büyütür, gün gelir ki hak yol gözükmez, anlaşılmaz ve yaşanmaz olur. Haram zevkler bir sel gibi akarken, ibadetlerin erozyona uğradığı, "ibadetsiz Müslüman"ların sayısının arttığı görünen bir gerçektir.

Hayalen plajları, diskotekleri, meyhaneleri, barları, içkili lokantaları dolaşırsak, hepsi ZEVKLERİN ördüğü bir dünyadır.

Bu dünyada İslâm'a, İslâm'da da haram zevklere yer vermek, balla sirkeyi karıştırmak gibidir. Biraz daha ileri gidersek, haram zevklerin zehirli bal olduğunu anlar; ayyaşlar, kumarbazlar, dolandırıcılar, sahtekarlar, uyuşturucu kullananlar, bal yerken zehirlenen kimselerdir. Hapishaneler, hastahaneler, böylesi kimselerle doludur.

Velayet makamına yükselmiş kimselerin haramla mücadele etmediği zannedilir. Şehveti olmayan, şöhreti istemeyen, birinci sınıf lokantaları, beşinci sınıf otelleri, plajları, diskoları istemeyen nefis kimde var? İşte veli, iç dünyasındaki itmelerin, dış dünyasındaki çekmelerin tesirinden kendini kurtarıp, helal dairede, dünyasını cennet eden kimsedir. Bu mücadele olmazsa velayet de olmaz!

Kainatı yaratan Allah, İslâmiyeti göndermiştir. Kainat nizamı ne kadar mükemmelse İslam nizamı da o kadar mükemmeldir. İslâma uyan da mükemmel olur.

Modern hayat, modern toplum ve modern devlet

Modern (Moderne) Fransızca bir kelime olup, eskilerin tabiriyle muasır, yenilerin tabiriyle çağdaş, kısacası yaşanılan hayata uygun olmak, demektir.

Avrupa'da modern hayat rönesansla başladı, onu reformlar takip etti, sonunda sanayi devrimi ile bugünkü Avrupa ortaya çıktı.

Dikkat edilirse kiliseden uzaklaşan ilim ve teknikte ilerleyen, sömürge edinen böylece maddi üstünlüğünü bir güç olarak kullanan, hakkı kuvvete tabi kılan bir Avrupa'dan söz ediyoruz.

Kiliseden uzaklaşmak zorundaydı amma kapitalizmin de, sosyalizmin de materyalist olması, maddeyi putlaştırması, hatta "Pozitivizm İlmihali"ni yazacak kadar laboratuvarı, atölyeyi ve fabrikayı mabet haline getirmesi gerekmezdi.

Şimdi Müslümanlar'ın modern olması isteniyor. İslamî bir rönesansa ve sanayi devrimine evet, reforma hayır! Çünkü İslamiyet deform olmadı ki reform istensin. Amma Müslümanlar'ın üç yüz senelik İslâmî anlayışı değişmelidir.

Avrupa kiliseden uzaklaşarak ilimde ve teknikte ilerlemiş; biz ise İslâm'ı anlayıp, yaşayarak aynı şeyi yapabiliriz. Zira gerçek dini bulamayan modern Avrupa, çocuklarını bataklığa atarak bunun cezasını çekti. Bizim dinimiz ilme ve tekniğe mani olmadığı gibi, İslâm ahlakı da genç neslin dünya ve ahiretini cennet etmeye yeterlidir.

Biz, Avrupa'yla meyhanede, barda, sokakta değil; ilimde, teknikte hatta ahlakta bütünleşelim... Çağdaşlaşmayı ve modern olmayı böyle anlıyalım.

Avrupa filozofları da ikiye ayrılır, bir kısmı Leibniz gibi bizden, bir kısmı da Schopenhaur (Şopınhaur) gibi inkardan yanadır.

Emil Zola ne kadar naturalistse, Victor Hugo o kadar spiritualistti.

Spiritualistler bizden yanadır.

Modern hayata evet, fakat Avrupa'nın hangi yönüyle bütünleşeceğiz.

Avrupa'daki her türlü üstünlük İslam prensiplerinden doğmuştur. Müslümanlar ilimde, teknikte ilerler, İslâm ahlakıyla ahlaklanırsa Avrupa'nın entellektüel (havas) tabakasıyla bütünleşir, böylece modern toplum meydana gelir.

Modern devlete gelince, İslâmiyet'te haram aranır. Yani bir şey haram ise terk edilir, değilse onun helallığı araştırılmaz. Haram olmayan herşey helaldır.

Devletin yapısında değil, icraatında haram aramalıdır. İslâm devletleri ve beylikleri yapı bakımından birbirinden farklıydı amma hepsi haramı, helalı biliyordu. Bu bilgilerini de ne kadar tatbikata koydular, araştırılmalı.

İslam'da tek parti vardır: Hizbü'l-Kur'an,Müslümanların bütünü hizbü'l-Kur'an'dır, fakat İslâm ahlakının dışına çıkmamak şartıyla partilere, cemaatlere ve mezheplere ayrışabilirler. İslamiyet'te ittifak etmeli, fikir ayrılığı, terakkinin sebebidir.

Müslümanlar modern olur, modernist olamaz. Çünkü modernizm, felsefi bir akımdır, eskiyi atıp, yeniyi tutma mesleğidir.

Ne aslan kaldı ne de yılan, çıyan
Canavarlara rahmet okuttu insan.

Ömer Okçu

Kötülüğün kaynağı

Avrupa filozofları pek çok şey gibi kötülük üzerinde de durmuş: "Allah, kötülüğü neden önlemiyor?" sorusuna diğerlerini de ekleyerek, Allah'ı suçlamaya çalışmışlardır.

Allah, melekleri yaratmış, günah nedir bilmezler.

Allah, şeytanları yaratmış, onlar da sevabı bilmez.

Hayvanlar ise, günahtan ve sevaptan habersizdir.

Allah, bunların dışında insanı yaratmış. İnsan, yapısı itibariyle sınırsız günah işleyecek durumdadır: Hırs, kin, şehvet, şöhret, menfeat, zevk ve inat, kısacası nefis böyledir.

İnsanın dışındaki şeylerle insan kolayca bütünleşip, en büyük suçları işleyebilir: İçki, kumar, uyuşturucu gibi.

Yapısı bu olan insana Allah, din göndermiş ki, her türlü haramı terk edip, her türlü helalı işlesin, böylece dünya ve ahiretini cennet etsin...

Hıristiyanlık İlahi din vasfını kaybettiğinden helallarla haramı iyi ayıramıyor. Bu sebeple filozoflar kötülük problemini çözemiyor.

Evvela Allah'ın yarattığı şeylerde kötülük yoktur. İnsanın yaptığı işlerde kötülük aranmalıdır. Mesela alkol faydalı bir şeydir, insan alkol içince kötü olur. İçilmese alkol de, insan da kötü olmaz.

İnsan şeytana değil, İslâm'a uysa, şeytanın zararı olmaz ki...

İnsan nefsine uyarsa kötü duruma düşer, nefsini İslamiyet'e uydurursa velayet makamına çıkar.

İnsanı harika bir cihaz kabul edersek, bu cihazın tarifnamesi İslâmiyet'tir. Çünkü insanı yaratan Allah, İslâmiyet'i göndermiş; insanın, İslâmiyet'le bütünleşmesini istemiş ki, dünya ve ahiretini cennet etsin.

Deprem, sel, kıtlık, yangın, savaş ve hastalıklar gibi, insanın dışında kaynaklandığını zannettiğimiz felaketler dahi, insanla sıkı sıkıya alakadardır. Bu felaketlerden zarar görenler ya günahının cezasını çekmiş veya sevabı artmıştır.

Ebu Cehil, günahlarıyla felaketlere davetiye çıkarırken; Ebu Bekir'in başına gelen felaketler onun hem dünya, hem de ahiret hayatındaki makamını yükseltiyordu.

Karanlıkla ışık, acıyla tatlı, yumuşakla sert gibi, dünya zıtlar alemi olduğundan insanlarda da iyilikle kötülük, zararla fayda, güzelle çirkin, iteatle isyan, imanla küfür zıt şeyler görülür. Böylece insanlar birbirine iki zıt nehir gibi, yine birbirine zıt cennetle cehenneme akıp, gider.

İyiliklerin, güzelliklerin, hayrın bütünü İslâmiyet'te şerlerin bütünü de bunun dışında toplanmıştır.

Ecnebiler deneyle ve kültürle hayrı bulabilirken, Müslümanlar da İslâmiyet'ten uzaklaştıkça şerre yaklaşabilirler.

Gübre bitkilere nasıl faydalıysa, kötülükler de, iyilere o kadar faydalıdır. Ayyaşı gören veya cehaletten tiksinen bir insan, Müslüman olmasa da içkiden ve cehaletten kaçınabilir.

İnsan, kendi yapısından Yaradan'ına bakmalı ve anlamalı ki, sınırsız kabiliyetlerle yaratılan insan, sınırsız kötülükler işleyebilir. İnsanı yaratan Allah, İslâmiyet'i göndermiş ki; insan, sınırsız kötülükleri terk edip, sınırsız iyilikleri işlesin. Demek ki İslâmiyet'i anlamıyan filozof, kötülük problemini de çözemez!

Kötüyü beğenen kötüdür

Köpek ve sahibi

Deniz otobüsünden inen kalabalığın bir kısmı Bursa arabalarına biniyordu.

– Köpek almayız!

Bu ses dikkatimi çekti, köpekli adama yaklaştım. Adamcağız da o otobüsten ayrıldı, diğerine bindi, ben de onun arkasındaki sıraya oturdum.

– Köpeğinizi çok seviyorsunuz…

Göz ucuyla bana baktıktan sonra, kucağındaki köpeği okşadı, yarım dönerek:

– Köpek, hakaret için kullanılan bir kelime, bu sebeple bu dostuma köpek dememelisiniz ki sizinle sohbet edeyim. Ona Black, "Bileeeyk" diyeceksiniz.

Bileyk'i kucağından indirdi, yan oturdu:

– Sevme konusuna gelince, Bileyk'i neden sevmeyeyim? Bana hiç ihanet etmedi...

Bileyk zıpladı tekrar adamcağızın kucağına çıktı, iki yana sarkmış kulakları, gözlerine inmiş simsiyah saçlarıyla bebek kadardı.

Birden bire hayalim, adamın hayatına kaydı. 35 yaşlarında, giyiminden varlıklı olduğu anlaşılan bu adam yalnız, sadece köpeği ile, pikniğe, belki gezmeye gidiyordu. Hanımı, çocukları, akrabaları, arkadaşları nerde? "Bileyk, hiç ihanet etmedi..." Demek ihanetler zinciri, onu insanlardan ürkütmüş, belki Bursa'nın bir ilçesinin, bir oteline gidecek, orada "can yoldaşı, hayat arkadaşı" Bileyk'le kalacaktı.

Artık adamcağızın neler anlattığını duymuyordum bile. Dostların bütününden ayrılmak, köpeğe dost olmak... Korkunç bir sonuç!

Pencereden bakan köpeğe, hayal dünyamdan seslendim: "Şu kainat kitabı, senin için yazılmadı."

* * *

Kolları omuzlarına kadar çıplak olan genç, sakalıma bakıp sordu:

– Sizce İmam Hatip liselerinin diğerlerinden farkı nedir?

Doğrusu böylesine sohbetler yolculuğu kolaylaştırıyordu. Dedim ki:

– 1950'den beri İstanbul'dayım. Geçenlerde Eminönü'ndeki Yeni Cami'yi, onun yanında Mısır Çarşısı'nı, onun yanında da Çiçek Pasajı'nı dolaştım. Baktım "köpek pazarı" açılmış. Avrupa'dan getirilen köpekler yüksek fiyatla müşteri buluyor. Müşterilerin hepsi tahsilli kimseler. İşte mevcut öğretim ve eğitim insanı, insana düşman etti: İhanetler, güvensizlikler, dolandırıcılık, sahtekârlık... İnsan en yakınından da kötülük görünce "Evlat beslemektense, köpek beslemek daha iyidir" dedi ve köpekler para etmeye başladı... Bu kadar düşmek istemeyenler, İmam Hatip liselerine önem veriyor.

Baktım dinliyorlar, devam ettim:

– İş için bir firmaya gitmiştim, patron zengin, saat 12.00'ye yaklaşmış, mavi önlüklü kadın, bir tencere yoğurtlu yemekle göründü. Zannettim ki işçilere verecek... Götürüp kurt köpeğinin önüne koydu...

Köpek sohbeti böyle başladı, devam ederken, şoförün teybi haykırıyordu: "Elimde kadehim sevgilim benim... Sensiz gecelerim geçmek bilmiyor..."

Çocuğun kötüsü olmaz.
Allah, hayırlı ana-baba versin.

Çocuk Haftası

Fabrika yapan fabrikalar kurmakla insanımız övünüyor, haklı da...

Botanik ve anatomi bilginleri de "İnsan, canlı organizma yapamaz!" diyerek, insandaki ilmin sınırlı oluşuna, Allah'ın ilminin sonsuzluğuna işaret ediyor.

Bir bakıma, anne insan fabrikası gibi bir şey... Fakat çocuğun elini, gözünü, beynini ve iç organlarını anne yapmıyor. Onun vücudunda bir sanatkâr, erişilmez sanat eseri olan çocuğu yaratıyor.

Anne, baba, ölü gıdalar yiyor, hem diri diri yaşıyor, hem de topraktan yaratılan bu ölü gıdalardan dipdiri bir çocuk dünyaya geliyor... Böylece her şeyin ölüp ölüp dirildiği, her gün, her an isbat ediliyor ki, insan da öldükten sonra dirileceğine ve hayatının hesabını vereceğine inansın...

Cahilin de, bilginin de çocuğu olur. Biyolojik bir olaydır bu, sanıldığı kadar önemli değil.

İş kalıyor dünyaya gelen çocuğu ne yapacağımıza...

Bu çocuk, sonsuz günah da işleyebilir, sonsuz sevap da... Ecnebiler de suç ve ceza ile bir sistem kurmakta...

Hemen söyleyeyim ki dünyadaki ebeveynlerin beşte dördü işe yarayan evlat yetiştiremez!

Kendileri işe yaramıyor, nerde kaldı evlatları işe yarasın! Amma zalimden alim, alimden zalim oluyor, bu bir sır! Bununla beraber mevcut nüfusun ekserisi ölse, dünya temizlenir. Çevre temizliğine bu şıkkı ilave etmemeleri ya hümanistliklerinden veya korktuklarından...

Çevre kirliliği insandan başladığına göre, tertemiz yavru, bir kısım kirli çevrelerde dünyaya geliyor. Akrabalar, televizyon, radyo, dergiler, gazeteler ve komşular bunu kirletiyor. Günahın kendine has bir lezzeti olduğundan, çocuk bunu seçer; iyiliği, güzelliği anlatan basından, yayından uzak kalır, kirlenmeye devam eder.

Okulların temiz bir gençlik yetiştirdiği iddia edilemez. Halimize bakınca bu gerçek de kolayca anlaşılıyor.

Devlete gelince: İyi bir devlet, işe yarayanlarla işini yürütür, işe yaramayanları kendi haline bırakır. Emniyet, mahkemeler ne güne duruyor?

Dünya ülkelerine bir göz attığımda işe yaramayan insanların fazlalığı dikkatimi çekiyor.

Eğer sofrayla hela arasında yaşamak işe yarar bir hayatsa, buna da diyeceğim yok. Lakin kediler başka ne yapıyor ki?

İşin garip tarafı: Kediler gibi yaşamak, kedi seviyesinde kalmak bile, pek çok insan için bir merhaledir.

Genç nüfusun çokluğuyla sevinen ülkemiz, acaba dünyanın en büyük hapishanelerinden biri olan Bayrampaşa Hapishanesi'yle de övünüyor mu?

Saatler bizimle alay eder.
Ömrümüz saniye saniye biter.

Seçme ve mukayese

Torunum 8 aylık, her meyve suyunu, her yemek suyunu beğenmiyor. Şimdiden seçmeye başladı.

Yarın oyuncağını...

Öbürgün ayakkabısını, gömleğini...

Daha ilerde beğenip, beğenmediği şeyler sıraya girecek, böylece 15-16 yaşına gelecek...

İşte o zaman İslamiyet: "Şimdiye kadar herşeyi seçtin, şimdi de dinini seç!" diyecek. Helalla haramı ayırmasını, helal dairede yaşamasını isteyecek...

Delikanlıymış...

Bir kulaktan giren, öbüründen çıkarmış...

Laf anlamazmış...

Amma hayatın attığı tokat pek çetin!

Dönüp 50 yıl geriye bakıyorum, o melek gibi çocukların hem dünyası, hem de ahireti berbat oldu. Çünkü herşeyi seçtiler, "Bu din, benimdir" demediler, helal daireye girmediler, karıştırdılar, karışık bir hayat yaşadılar, gerçeği buzlu cam ardından seyredip, hiç bir şey anlamadan gittiler.

Seçme böyle.

Mukayeseye gelince:

Şu öğrenci derslerinde başarılı iken ben neden öyle değilim?

Şu arkadaş sanat öğrenirken, ben neden öğrenmiyorum?

Şu adam, giymesini, yemesini, gezmesini bilirken ben neden dökülüyorum?

Diye ilimce, sanatça, meziyetçe kendinden üstün olanlarla, kendini mukayese edip, tırmanışa geçmek.

Nice zeki, kabiliyetli gençler var ki prensipsizlik sebebiyle işe yaramamıştır. Halbuki insanları başarıya götüren prensiplerdir. İnsanlara değil, seçtiği prensiplere uyanlar, başarılı olmuştur. Prensip sahibi insanlar bellidir.

Allah da bizleri mukayese eder: "Yahudiler tahsil yapıp, lisan öğrenip, birbiriyle birader olup, ticarette, sanatta ilerlerken sen ne yaptın?" dese, cennet sevdasıyla gittiğimiz ahirette mahçup oluruz.

Gelişmiş ülkeler...

Büyük adamlar...

Büyük şirketler...

Büyük devletler...

Müslümanlar, bunların neresinde?

Hem zengin, hem de ilimle, ibadetle meşgul olan muhterem bir zat, bu mukayeseden çok sarsılmıştı: "Müslümanlar'ı kötülerle mukayese etme, yakışık almıyor" demişti.

Çünkü o kendine göre bir dünya kurmuştu. Zengindi, tahsilliydi, ibadeti boldu... "Eeee, bundan iyisi can sağlığı" derken karşısına bir mukayese çıktı, adeta iflas etti. ruhen, tırmandığı dağda ayağının kaydığını, otlara, taşlara tutunmak istediğini hissettim. Beni kovmadı amma ben de artık gidemem. Beni gördükçe, hayat koşusunda gerilerde kaldığını hatırlayıp üzülecek...

Sahabe-i kiram maddeten ve manen kardeşti. Bugünkü müslümanlar ise sadece manen kardeş, felaketlerimizin sebebi bu olsa gerek.

Bir kadın

Akşam karanlığı çökmüş, siyah bulutlar, havayı iyice karartmış, ilçe sessizliğe bürünmüştü.

Bir kadın, kucağındaki yavrusuyla bahçe kapısından kafasını uzattı:

– Yemek...

Hiçbir yönetmen böylesine bir sahne düzenleyemez, hiçbir romancı bu sahneyi tasvir edemez:

– Yemek!

Arkadaş hemen fırladı, bastonunu almadan yürüyüp:

– Gel kızım buraya otur, şimdi gelecek...

Olup, bitenleri anlamaya çalışıyorum... Ayvandayım, kadın bahçede, arkadaş eve daldı. Biraz sonra bir tepsiyle göründü...

Hayalim, yıllar yılı dolaştığım Avrupa'yı bir anda kuşattı. Değil ki bu saatte yemek istemek, adres bile soramazsın...

Avrupa'da yemek istemek... Ne manasız şey... Hani "Alman usulü" demişler, sen kazanıp, sen yiyeceksin.

Amma "Avrupa medeniyeti"nden söz ediliyor, 300 senedir hasretini çektiğimiz medeniyet, çağdaşlık...

İnsanın insana yardımını bulamazsın. Bırak insanı, evlat yar değil.

Fakat burda da o sanayiyi, sigortayı, insanca yaşamayı bulamazsın!

Arkadaşımın büyük bir şevk ile, yemek vermesi güzel...

O kadının yemek istemesi korkunç!

"Neden, neden bu cennet vatanda fakir var?" diye hafakanlar basarken, kadın bir gölge gibi çıkıp, gitti. Bir teşekkür bile yok.

Çok az teşekkür eden bir milletiz.

Çok az şükrediyoruz.

Belki de kadın, kahrından bir şey diyemedi.

Arkadaşa sordum:

– Kimdir bu kadın?

– Civar köylerden kiraz toplamaya gelirler. Yazın kazandıklarını bir sene yiyecekler. Bu sebeple az masraf yaparlar.

– Peki, burda kiraz oluyor da, orda niye olmuyor?

– Alışmamışlar, birisi dikse hepsi diker, iyi de para kazanırlar.

Aklıma bir papazın "Altın Yapan Köy" isimli kitabı geldi. Bu papaz fakir bir köye gider; bir şeyler yaparak köyü kalkındırır. Çok isterdim ki bizim köydeki imam da caminin bahçesine 3-4 tane kiraz dikseydi: "Ey millet, bir hadis-i şerifte mealen buyuruluyor ki: Fakirlik küfre yakındır, caminin bahçesindeki kirazlar ne güzel oldu, siz de kiraz dikin para kazanın, helal kazanç da ibadettir."

Deseydi, bu kadın, bu saatte kucağındaki çocuk ile "yemek" diye dolaşmazdı.

Sanki kulağımın dibinde bir ses çınlıyor:

– Hocam, kiraz dikmenin Kur'an'la, camiyle ne alakası var?

Karanlıklar içinden bir kadın başını uzattı ve dedi ki:

– Yemek...

Bu ses, Nuh Tufanı'ndan beter!

YOKUŞ

Hekimoğlu İsmail

İnişi olmayan yokuşlar da var... Kötülükler çukuruna düşmek istemeyen insan, iyiliklerin yokuşuna tırmanırken daima helal halkalarına tutunup, haram bataklıklarından uzaklaşıyor... Bunun için fazilet yokuşunun inişi yok, düşüşü var... *Yokuş*, Hekimoğlu İsmail'in tefekküründen süzülen, işi yokuşa sürmeyen bir üslupla kaleme aldığı birbirinden önemli makalelerden oluşuyor.

Bir tutkudur Timaş kitapları..